GAOERFU
XUNLIAN YANJIU

高尔夫训练研究

康　钧　束景丹◎著

首都经济贸易大学出版社
Capital University of Economics and Business Press
·北京·

图书在版编目（CIP）数据

高尔夫训练研究／康钧，束景丹著．-- 北京：首都经济贸易大学出版社，2022.6

ISBN 978-7-5638-3290-3

Ⅰ.①高…　Ⅱ.①康…　②束…　Ⅲ.①高尔夫球运动-运动技术　Ⅳ.①G849.319

中国版本图书馆 CIP 数据核字（2021）第 235714 号

高尔夫训练研究

GAOERFU XUNLIAN YANJIU

康　钧　束景丹　著

责任编辑　王晓云

封面设计　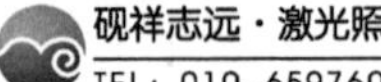

出版发行　首都经济贸易大学出版社

地　　址　北京市朝阳区红庙（邮编 100026）

电　　话　（010）65976483　65065761　65071505（传真）

网　　址　http://www.sjmcb.com

E- mail　publish@cueb.edu.cn

经　　销　全国新华书店

照　　排　北京砚祥志远激光照排技术有限公司

印　　刷　北京建宏印刷有限公司

成品尺寸　170 毫米×240 毫米　1/16

字　　数　287 千字

印　　张　17

版　　次　2022 年 6 月第 1 版　2022 年 6 月第 1 次印刷

书　　号　ISBN 978-7-5638-3290-3

定　　价　68.00 元

前　言

2020年8月31日，为贯彻落实习近平总书记系列重要讲话精神，促进青少年健康成长，解决好青少年的健康发展问题，体育总局、教育部联合下发了《关于深化体教融合 促进青少年健康发展的意见》（以下简称《意见》）。《意见》明确指出要以“健康第一、全面发展”作为教育的指导方针，通过“一体化设计”“一体化推进”等资源整合手段，真正实现青少年全面健康成长，加强学校体育工作，树立“健康第一”的教育理念，面向全体学生开齐开足体育课，帮助学生在体育锻炼中享受乐趣、增强体质、健全人格、锤炼意志，实现文明其精神、野蛮其体魄，积极开展丰富多彩的课余训练竞赛活动，扩大校内、校际体育比赛覆盖面和参与度，丰富学校体育活动。

《意见》为我们体育教育工作者指明了方向、规划了路径，也为学校教育提供了强大的精神动力和智力支持。学校教育要树立“健康第一、全面发展”的工作指导思想，切实加强学校体育工作，把增强体质、健全人格、锤炼意志，培养德智体美劳全面发展的社会主义建设者和接班人作为一项重要教育使命。

大学体育教学使我们体会到“教授学生在大学期间学习和掌握一项体育运动会使其受用终身”的重要性和必要性。同时，多年的教学经验积累也使我们认识到，目前我国高校传统的体育公共课项目已经远远不能满足社会发展的需要，学生在完成高等教育之后能够继续把田径、篮球、排球甚至足球等作为健身项目进行身体锻炼的较少，即便是运动成绩很好的学生也少有做到。究其原因，除了受场地所限之外，运动强度大、娱乐性差而且容易引起运动型劳损和损伤是最主要的原因。

高尔夫球运动是比较新颖且运动寿命较长的运动项目，在将高尔夫球运动引入普通高校体育课程教学与训练实践的过程中，学生们表现出了极大的兴趣和参与热情。高尔夫球运动有重礼仪、重自律、重交往的特点，它在增强学生体魄、达到运动健身目的的同时，有效提升了学生的个人修养。自2007年起至今，北京市大学生体育协会高尔夫球分会举办的大学生高尔夫球各项赛事和校友杯取得了广泛的社会影响力，吸引了更多的爱好者参与到高尔夫球的训练和比赛中。本书旨在指导大学生学习高尔夫球基本技术，介绍高尔夫球的发展史、规则、礼仪、运动技术、体能训练、心理训练、训练原则以及高尔夫球运动损伤及其预防等，使大学教师与学生对于这项运动的训练有全面的了解，引导学生学习掌握高尔夫球运动项目，提高学生的修养，全面提升学生的综合素质，在训练及比赛中培养积极拼搏、团结协作的精神。

特别感谢金色河畔高尔夫学校杜一鸣先生（原国家队教练、北京市大学生体育协会高尔夫球分会总教练、中国百佳教练专家评委）、丁明汉先生（北京市大学生体育协会高尔夫球分会原秘书长）的大力指导，感谢金色河畔高尔夫学校资深教练杨东然、张永亮及北京建筑大学张哲老师的支持与帮助，他们为本书的动作示范、照片拍摄做出了很大贡献。本书存在的不足之处恳请广大读者批评指正，作者将不胜感激。

康　钧

2022 年 5 月

目　录

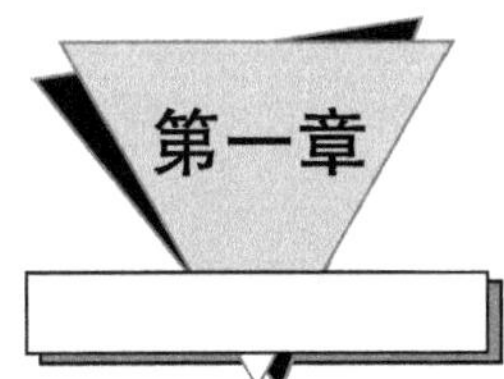

高尔夫球运动概述

第一节　高尔夫球运动的起源

一、关于高尔夫球运动起源的几种传说

高尔夫球运动是一项怎样独特的运动?

像众多体育运动项目一样，高尔夫球运动来源于民间，规范于贵族，竞技于世界，传播于大众，受益于所有热爱这项运动的人们。正因为这项运动具有集享受大自然乐趣、体育锻炼和游戏于一体的功能，成为一项风靡世界的体育运动。正如高尔夫球场设计师罗伯特·特伦特·琼斯所言:“高尔夫球已经成了生活的哲理，几乎是一种信仰，她就像教堂传出的福音一样伴随着我们无处不在，如影随形。”如今，几乎任何一个国家都看到高尔夫球这项神奇运动的踪迹。

高尔夫球球运动自始至今都可以认为是“在绿地和新鲜空气中的美好生活”。高尔夫的英文单词“GOLF”赋予了这项运动深刻的含义：G——绿色（green），O——氧气（oxygen），L——阳光（light&life），F——友谊（friendship&foot）。这不仅表明了高尔夫球运动的特点，也阐述了其责任。最初的高尔夫球运动就是一种只要一根球杆、一个球和一块挖有小洞的场地就可进行的一种奇特游戏。尽管高尔夫球运动最古老的起源已无从追寻，但其精神和特质却历久弥新。

高尔夫球运动的诱惑难以界定，也无须夸大，那是一种可以在任何年龄开始并将持续终生的痴迷。一名真正优秀的高尔夫球手或职业选手击球时，那种令人屏气凝神的感觉是任何其他运动都无法相比的，高尔夫球运动让人倍感神奇。也正如《阿诺德·帕尔默传记》的作者吉姆·道森所说，“你找不出任何一种运动能像高尔夫球运动一样多变、复杂，使你时而兴奋、时而悲伤，她可以让你顷刻间感情大起大落，你要试图战胜实际上不存在的对手”。这就是吸引你参与这项运动的魅力所在。因此，无论是在经造物主之手点化的美丽田野，还是由人类精心营造的场地上，这项老少皆宜的运动都被人们代代相传着。

现代高尔夫球运动不完全是一项高消费的运动，但绝对是一项高素质人士的高尚运动，它对人的技术、思维、智慧、修养、礼让、坦诚和仁爱等方面提出较高的要求。一场高尔夫球比赛就像人一生的缩影，你会遇到各种各样的困难，如果你是自强不息的，你会努力提升自己的能力，尽量去避免困难或者解决困难。因此，这项运动才会散发出如此独特的魅力。这就是高尔夫球运动。

高尔夫球的魅力捕获了所有人的心，高尔夫球运动究竟发源于何时、何处，答案没有人知道，也没有人会料到这项运动会像今天这般风行，更没有人知道将来这项运动会如何发展，但是我们知道似乎世界上每一个角落都对这项运动的演化起过作用，并且越来越多地融合了世界各地的元素。

根据美国高尔夫协会的文献记载，在古罗马恺撒大帝时代，罗马人曾进行“帕格尼卡”（paganica）运动，据传这是高尔夫球运动的前身。关于高尔夫球运动的起源还有很多说法。

“牧童牧羊时手中握着弯柄杖，击打石头以聚拢离散的羊群，不知哪一天偶然地将石头击入兔子洞穴，从此成为一种游戏而广泛地流传开来”，这是最普遍的高尔夫球运动起源传说，但仅仅只是传说而已，因为对此没有任何文字记载。

类似的高尔夫球运动竞技存在于古代罗马、荷兰、英国、中国、法国、比利时等世界各地，他们各自都有本国的高尔夫球运动起源说，正是这些众说纷纭的说法，为高尔夫球运动增添了许多朦胧的色彩。

二、各国高尔夫球运动的起源

（一）古罗马高尔夫球运动的起源

据古罗马恺撒大帝（前100~前44）时代的记载，征服苏格兰城的罗马士兵们曾进行“帕格尼卡”运动。“帕格尼卡”是指野营的士兵们利用休息时间，以末端弯曲的短杖击打皮制羽绒球的运动。

大约在公元前80年，罗马人征服了整个欧洲，并跨过英吉利海峡占领了英格兰和苏格兰，罗马统治一直维持到公元4世纪。在此期间，这项运动传播到整个欧洲，发展成了类似今天的高尔夫球运动。

（二）荷兰高尔夫球运动的起源

在荷兰发现了15世纪以前甚至更早期的几幅绘画，画中描绘了倚着类似于初期球杆的弯短杖站立的荷兰人和怀抱着带有硕大杆头球杆的少女。荷兰人称：高尔夫球运动是公元前荷兰的儿童在室内玩耍的“kolven”或者叫作“kolr”的这项运动。至今，这种运动方式还在弗里斯兰

(Friesland）和荷兰北部等地方流传着。

高尔夫球为荷兰文“kolf”的音译。据说1 000多年以前，在牧场里，当羊群吃草、玩嬉之际，放羊的牧童们闲暇无事，常常用手里的牧羊棍打击小的石头，久而久之就产生了技术、力量因素和比胜争强的意识。有时比击得远，有时比击得准，有时既比远又比准，二者兼而有之，这就是高尔夫球运动的雏形。高尔夫球运动场地的演变也证明了这一点。最早高尔夫球运动的场地就是牧场，到了后来，有的把高尔夫球场搬到室内进行，有的搬到马路上，还有的搬到海滨上，有的甚至搬到冰场上等，但没有多少时间，这些场地都成了探奇式的过渡性场所，再往后，才逐渐形成了现在的模拟牧场的高尔夫球运动的正式场地。至于高尔夫球运动的球棒，起初就是经过简单加工修整的牧羊棍。此外，牧童在长期以棒击石的过程中，发现使用顶端带凸起疙瘩的牧羊棍比较得心应手，可以把石头击得更远，因此，他们经常寻找、挑选这样的棒子使用。现在高尔夫球球棒的前身确为牧童手中的牧羊棍。图1-1显示了早期荷兰高尔夫球运动。

图1-1 早期荷兰高尔夫球运动

由于“kolven”是一种室内运动，或者是在冰面上进行的运动，而高尔夫球运动是一种户外的主要在草地上进行的运动，并且“kolven”所使用的杆是没有角度的，不是击球入洞，而是以是否击中立柱来决出胜负，所以，有许多反对者认为高尔夫球运动起源于荷兰不具说服力。

（三）中国高尔夫球运动的起源

中国某师范大学体育教授曾在澳大利亚学刊上发表文章称“高尔夫起

源于中国”。高尔夫球在中国古代被称为“捶丸”，公元943年的南唐史书记载了这一事实。

根据《丸经》记载，捶丸游戏者互相尊重对方，还从对方的立场考虑如何打球，是一项君子运动。世界公认的关于高尔夫球运动的最早记录是1457年苏格兰议会颁布的“高尔夫禁令”，中国的记录至少提前了514年。而且，元朝时期所绘的“捶丸图壁画”（见图1-2）和明朝时期所绘的“宣宗行乐图”（见图1-3）也证明了“捶丸”是类似现在高尔夫球运动的一种运动形式。但是，由图1-2和图1-3可见，这种游戏是单手持杆的，和现代高尔夫球运动有很大差别。

图1-2　元朝捶丸图壁画

图1-3　明朝宣宗行乐图

“捶丸”是由中国内地的“步打球”演变发展而来的，至于究竟起于

何时无从考究，只有公元 943 年的文献记载，12～15 世纪在中国十分盛行“捶丸”游戏，于是有人编写了《丸经》，其部分目录见图 1-4。全书共有 32 章，内容涉及比赛规则、挥杆要领、球棒制造和场地保养，专业与精致的程度绝不亚于现代高尔夫球运动。例如，书中提到的捶丸的球杆就有杓棒、扑棒、单手、鹰嘴等十种，与现代高尔夫球运动中用到木杆、铁杆、长杆、短杆辅助相类似。除利用天然山坡打球之外，即使是平坦的草地，也人为地设置了高低不平的障碍。今天高尔夫球运动设有发球座作为每一洞的发球点，捶丸也划定击球点，称为“基”，捶球时分头棒、二棒、三棒，头棒需先安基再击球，每棒以前一落球处为新的起点。由此可见，除了名称不同，捶丸的整套球戏模式几乎与现代高尔夫球运动一模一样。

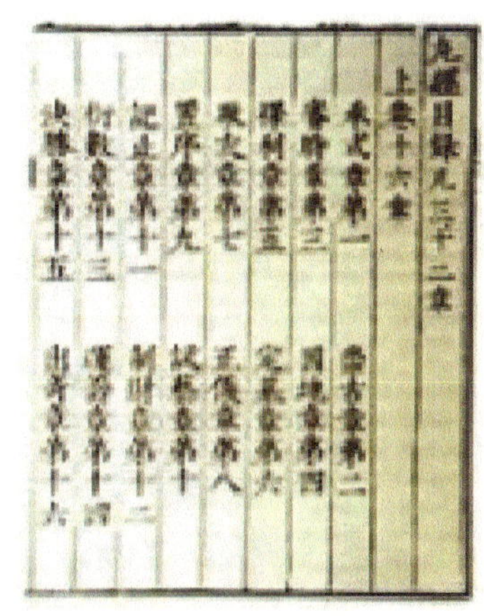

丸經目錄凡三十二章

上卷十六章

图 1-4　《丸经》的部分目录

（四）法国高尔夫球运动的起源

在法国也有类似高尔夫球的运动，叫做“Jeu De Mail”，意思就是用木棒进行的游戏。在游戏中使用“Mail（木棒）”和用木头制作而成的球。木棒具有弹性，可以将球击出相当远的距离。还有利用带有圆形铁头的“Paii Mell”木棒在远处击打皮制羽毛球。这种运动在法国南部非常盛行，竞赛方式一般是根据指定的球道，将球击至特定地点即可。

（五）比利时高尔夫球运动的起源

在 1350 年的文献记录中曾出现的拉丁语“choulla”、法语“choulle”与现今的高尔夫球运动非常相似。这种游戏在比利时人特别是在比利时农民间非常流行。14 世纪中叶，从比利时和法国开始了一种越野（cross-country）方式的游戏，非常简单，所使用的竞赛工具是有铁头的球杆和以山毛榉木制成的椭圆形木杆。

（六）英国高尔夫球运动的起源

多数人认为英国是高尔夫球运动的发源地，他们的观点源于教堂窗户上的绘画。图 1-5 是苏格兰高尔夫球运动最早的图像记录，画中描绘了一

位高尔夫球手挥杆做出类似于劈起杆的击球动作。这座教堂是 13~14 世纪设计建成的，这幅描绘挥杆动作的画面是高尔夫球运动最初的记录。

图 1–5　教堂窗户上的绘画

另一种观点认为，高尔夫球起源于 13 世纪中叶英国的苏格兰东海岸。渔夫们在回家的路上为了解闷，边走边用木棍击打鹅卵石。如果谁击打的鹅卵石飞得更远，谁就很了不起，这种人类的竞争心理后来促使高尔夫球比赛得以形成。

高尔夫（golf）一词在苏格兰历史悠久，“gouft”是其语源，意为“击打”。另外，苏格兰的地形作为高尔夫球场非常合适。在苏格兰海岸北部有一个叫作“links”的草原，起伏很大，上面覆盖着美丽的草坪，还有杂木丛生的小山丘。这种地形作为高尔夫球道非常合适，而且这是一块公共土地，任何人都可以自由地利用。球道“fairway”原来是航海用语，意为“大海的安全之路”，即“暗礁之间的安全航线”。在高尔夫球运动的安全击球地带引用航海用语，可以判断出高尔夫球与海上贸易的密切关系。

初期的英国高尔夫球运动曾遭到王室的限制，人们在周末不能进行高尔夫球运动，并对荷兰进口的高尔夫球征收关税。即便如此，到 15 世纪中叶前，高尔夫球运动还是在苏格兰全境迅速普及（见图 1–6）。

图 1-6　早期的高尔夫球运动是苏格兰贵族钟爱的娱乐项目

据历史记载，1457 年，“当时的苏格兰国王詹姆斯二世以妨碍武术、弓弩训练为由，曾颁布了禁止打高尔夫球的法令”。但到了 16 世纪，詹姆斯五世（1512—1542 年）和他的女儿玛丽·斯苏斯都成了高尔夫球运动的狂热爱好者。1560 年，主要在圣·安德鲁斯（St. Andrews）打球的女王要求陆军军官学校学生（Military Cadet）肩背球杆跟随左右，他们被称为“cadets”，法语为“cadday”。据推测，球童的苏格兰名称就是由此产生的（见图 1-7），现在的球童（caddie）一词源于“cadet”，而且据传玛丽女王也是女性高尔夫球运动的鼻祖。如上所述，初期的高尔夫球运动虽然流传了数百年，但是 18 世纪末和 19 世纪初人们逐渐冷落高尔夫球运动，会员制也逐渐消失，苏格兰的许多初期高尔夫球俱乐部也随之关闭。

1754 年，22 位贵族和绅士聚集于圣·安德鲁斯球场，创立了高尔夫球协会，并制定 13 条规定，这是最初公认的高尔夫球运动规则，一直沿用至今，未曾改变。在现今高尔夫球运动规则中，上述最早的规则也被认为是最重要、最核心的规则。

但是，不管高尔夫球运动的种子来源于哪一方土地，真正赋予其现代特质的毫无疑问是苏格兰人。作为一种现代的被国际多数国家和民族所承认的世界体育项目，高尔夫球运动公认的发源地和故乡是英国。

图 1-7　为女王背球杆的军官学校学生

第二节　高尔夫球运动的发展

一、高尔夫球运动向世界传播

（一）高尔夫球运动从苏格兰起航

就目前有据可查的文献资料表明，现代高尔夫球运动诞生于 13 世纪的苏格兰，并在之后的 500 多年，高尔夫球运动在苏格兰的圣·安德鲁斯风行。1744 年，绅士高尔夫球社（爱丁堡高尔夫球社）成立。1754 年，圣·安德鲁斯球社成立，即现在的“圣·安德鲁斯皇家古代高尔夫球俱乐部”，并制定了最早的 13 条规则。1759 年，圣·安德鲁斯球社首次举行了高尔夫球比杆赛。1750—1850 年，随着欧洲工业革命的兴起，高尔夫球运动开始在欧洲大陆传播。1850—1900 年，高尔夫球运动逐渐走上了国际化道路，高尔夫球种子洒向了世界各地。高尔夫球运动向世界传播的轨迹如图 1-8 所示。

（二）高尔夫球运动传入北美

在高尔夫球运动发展史上，由于历史和经济的原因，美国逐渐成为世

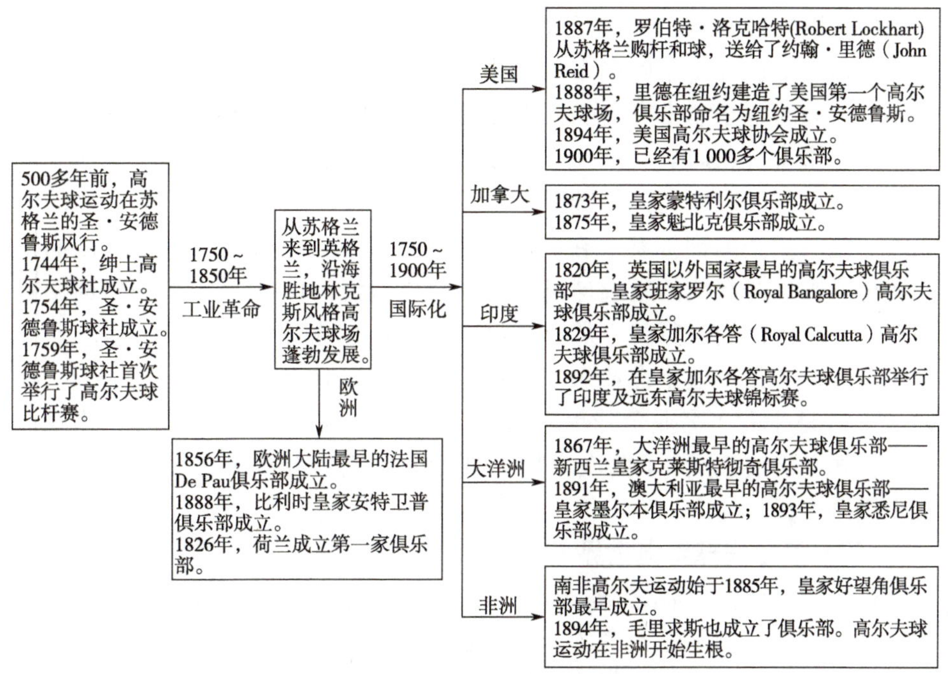

图 1-8　高尔夫球运动向世界传播的轨迹

界高尔夫球运动的沃土，并最终发展成世界高尔夫球第一大国。

爱丁堡大学大卫·珀迪（David Purdie）博士经过研究证实，美国高尔夫球运动的起源在 1739 年。他的证据是一份古老的纸片（见图 1-9），上面记载了一位名叫威廉·华莱士的人在 1739 年的 6 月 29 日，把价值 1 英镑 18 先令的高尔夫球杆运输到了查尔斯顿①。

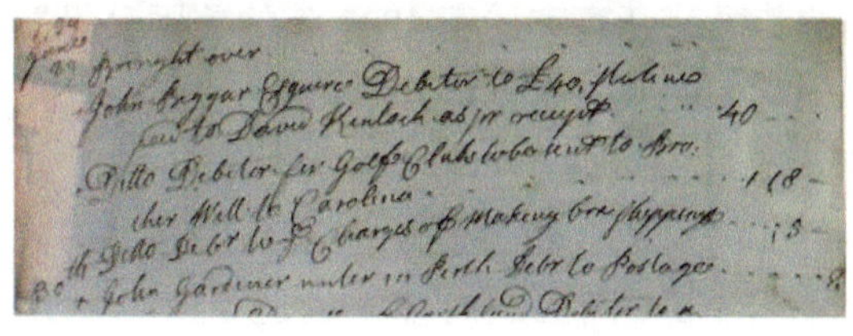

图 1-9

① http：//blog. sina. com. cn/s/blog.

1788 年，美国南卡罗来纳州的地方性报纸上出现了有关当地高尔夫球运动的报道；1795 年，美国成立了第一家高尔夫球俱乐部[①]。19 世纪末，美国高尔夫球运动先驱西奥多·哈弗梅耶在罗德岛新港建立了一个高尔夫球场，它同时也是非常有名的富人度假村。1894 年，哈弗梅耶被选为美国高尔夫球协会（USGA）第一任主席。该协会就是为了管理美国新建立的高尔夫俱乐部而成立的，新港俱乐部是其中之一。美国高尔夫球协会的职能之一是组织全国锦标赛。在哈弗梅耶担任 USGA 主席之后，USGA 的第一届全国锦标赛在他的新港球场举行。严格地说，1895 年的第一届巡回赛是在业余球手之间进行的，那时还没有职业高尔夫球组织。第一届职业高尔夫球锦标赛只不过是在业余赛结束之后进行的比赛，比赛为期一天，在 10 名职业球手和 1 名业余球手之间进行，若干年后该比赛才最终成为现在的“美国公开赛”。除了两次世界大战期间中断过几次外，美国公开赛一直延续到今天。

（三）高尔夫球走向世界

进入 20 世纪，高尔夫球运动迎来了新纪元，球具的革新、比赛规则和制度的建立、国际性比赛的开展以及高尔夫球管理水平的提高，极大地加快了高尔夫球运动世界化的步伐。

1908 年，英国成立第一家高尔夫球俱乐部。1911 年，美国举行大西洋全美高尔夫球赛。在英国举行的一年一度的高尔夫球公开锦标赛是最大规模的国际性比赛。如今，在一些发达国家，高尔夫球比赛盛行，以美国、英国和日本尤甚。世界业余高尔夫球协会有六七十个会员国，2 000 多万会员，其中美国有 1 200 万会员和 1 万多个球场，日本有 300 万会员和 1 400 多个球场。1900 年，第二届国际奥林匹克运动会曾把高尔夫球运动列为表演项目。

始于 1860 年的英国公开赛和始于 1895 年的美国公开赛，以及由罗德·瓦那梅克（Rodman Wanamker）创办于 1916 年的美国职业高尔夫锦标赛（USPGA Championship）和始于 1934 年的美国名人赛（The Masters/Masters Tournament）一道成为世界范围内最具影响力的高尔夫球运动四大大满贯比赛，它们共同为不同国别的球手创造了同场竞技的机会，使得高尔夫球运动的竞技性和观赏性在世界范围内得以推广。

---

① 袁运平、凌奕：《高尔夫球运动手册》，人民体育出版社 2001 年版。

第二次世界大战结束后，随着国际局势的稳定和世界经济的复苏，以及科学技术的发展和全球化浪潮的出现，高尔夫球运动热潮从美国涌向世界各地。世界各地的高尔夫球俱乐部和球场如雨后春笋般出现，各类职业和业余比赛如火如荼地进行。特别是在20世纪后期，随着亚洲“四小龙”经济的崛起，高尔夫球运动的发展重心由美国逐渐转向亚洲。同时，电视转播、各种高尔夫专业杂志和互联网的出现，为高尔夫球运动职业化的快速发展和高尔夫球文化的快速传播做出了重要贡献。

二、高尔夫球大众化的进程

近年来，美国政府采取了进一步发展高尔夫球行业的政策，将许多垃圾填埋场、废弃军事基地等闲置土地，以很低的租金提供给私营业主建造并经营球场。在承租期内，业主不需要购买土地，不需要交纳地产税，只向政府交纳一部分所得税，还享有许多特许权。政府不用承担球场维护的费用，并在承租到期后将球场收回，作为公众球场向居民开放，带头推动了高尔夫球大众化的进程。

在西方发达国家和我们的近邻日本与韩国，高尔夫球人口占总人口的10%左右，大大促进了高尔夫球用品及相关产品的消费。据央视国际报道，在高尔夫球运动最发达的美国，高尔夫球人口有2 474万人，约占人口总数的9.74%。美国必须不断增加球场来满足人们的消费需要，高尔夫球场已经成为美国人的基本消费场所。以美国现有高尔夫球人口来计算，在不包括任何其他消费的情况下，如果按每个人每月打一场球并且打一场球只花5美元来计算，全年将创造15亿美元的消费额。若再加上其他相关消费，这个数字更是无法估量。据有关报道，2000年，美国高尔夫球产业的产值已达620亿美元，占国内生产总值的6%。高尔夫球运动在这些国家早已经是一项大众运动。

三、高尔夫球产业链的形成

随着高尔夫球大众化进程的加快，为满足大众参与高尔夫球运动需求的日益增长，高尔夫球产业链业已形成。

（一）高尔夫球制造业

与高尔夫球产业相关的制造行业主要有：高尔夫球杆球具业、高尔夫球服装业、高尔夫球场设施设备业。

据国际高尔夫球协会统计，中国目前已经超过日本，成为仅次于美国的世界第二大高尔夫球用具生产国，并有望超越美国，占据这一市场70%的份额。高尔夫球具和配件是高尔夫球产业中的重要的一部分。尽管高尔夫球运动在中国的发展仍然只是处于初级阶段，但全球知名的高尔夫球品牌用品纷纷在中国设厂加工，以便尽早地占据更大的市场份额。

服装方面包括各类男女装、球童服装、球鞋、休闲鞋、袜子、帽子、头饰、手套、雨伞、毛巾、太阳眼镜、防晒、护肤用品等。

完善的球场设施设备在球场管理中非常重要，球场设施设备包括各类型剪草机、覆沙机、球道和果岭打孔机、果岭打孔柱收集机械、喷药机、挖掘机械、铲土机械、沙坑补沙机械、划破机械、运输机械等，可以说应有尽有，以便满足各项工作需要。

另外还有高尔夫练习场设备、球场及会所用品、球具修理工具、高尔夫球具配件、高尔夫球具等。其中，练习场设备主要包括高尔夫练习球及发球器、练习垫、练习场机械设备、练习场附件等，球场及会所用品主要包括会所用品、球场用品等。这将是一个大有发展前景的产业。

（二）高尔夫球服务业

与高尔夫球产业相关的服务业主要包括高尔夫旅游业、高尔夫展览会、高尔夫球场养护业、相关综合服务业。

高尔夫球场的建设可以带动地区旅游业的发展，以海南省为例，随着高尔夫球运动这项“绿色运动”的日益大众化，它正逐渐成为海南旅游休闲的新热点。各类国内、国际、职业、业余赛事的举办，各种具有海南特色的高尔夫旅游产品的开发，为海南省吸引了众多高尔夫球爱好者和旅游观光客。据统计，近两年来，海南的高尔夫球场每年接待打球的人数都高达10万人次，高尔夫球产业已成为与旅游业紧密结合的一项产业。用世界旅游组织秘书长的话说：“中国旅游业持续高速发展超出所有人的意料，中国是世界上旅游业发展最好的国家之一。”因此，高尔夫球旅游具有广阔的发展前景。

以高尔夫球赛事和管理公司，俱乐部管理软件和高尔夫球教学、游戏产业，高尔夫球相关报纸、杂志、电视台节目及网站，专业高尔夫球宣传画及艺术品等为主要内容的高尔夫球综合服务业，在近几年也得到了长足发展。特别是高尔夫球媒体的发展速度惊人，它们对高尔夫球运动的普及推广起着巨大的推动作用。而与高尔夫球相关的文化艺术品市场的繁荣，

则丰富了高尔夫球运动的文化内涵，提升了高尔夫球运动的品位。

（三）高尔夫球房地产业

从美国及其他高尔夫球运动发达国家的情况来看，高尔夫球场建设都是和房地产捆绑配套发展的，两者是相辅相成、互相促进的关系。20 世纪 60 年代，美国的房地产商发现，在住宅区附近兴建高尔夫球场，能够大幅度提高住宅价值，而且加快了出售的速度，这使得投资商成为球场建设的主力军。政府对这一潮流推波助澜，规定凡超过 2 万人的社区，如果没有规划高尔夫球场，这个社区的建设规划将不会被批准。这项政策极大地推动了建筑业、房地产业的大亨们兴建高尔夫球场。

高尔夫球产业的发展不仅能带来巨大的经济效益，就社会效益来说，它可以改善环境，增加就业。只要我们规范管理，充分利用废弃荒地，严控草坪养护用药，那么高尔夫球场对周边环境的改善将是立竿见影的。就业方面，以一个标准球场 18 洞为例，可解决就业人数 300 至 400 人（包括球会运作、球场保养人员、球童等），为国家缓解就业压力，可明显带动地区经济发展。

高尔夫球运动可以说是唯一完全可以由市场力量推动而发展起来的体育项目，其管理模式、赛事运作早已与国际惯例、国际标准接轨，职业化也最彻底、最到位。面对高尔夫球市场的蓬勃生机和巨大前景，我们应尽快制定出与中国高尔夫球发展状况相适应的产业政策和行业规范，使之早日走上规范、健康发展的轨道。

四、国际高尔夫两大组织机构

与其他体育项目不同，在全球范围内，高尔夫球运动没有统一的单项联合会。世界范围内的高尔夫球运动管理是由两个单独的组织来分别实施的，它们分别是皇家古老高尔夫俱乐部（R&A）（见图 1-10）和美国高尔夫球协会（USGA）（见图 1-11）。

（一）皇家古老高尔夫俱乐部

皇家古老高尔夫俱乐部一直致力于在世界范围内推广高尔夫球运动的发展，每年将所获得的收入拨出 100 多万英镑用于支持全球不同国家和地区的高尔夫球运动的发展。

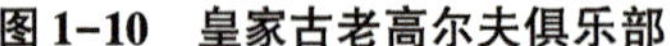
图 1-10　皇家古老高尔夫俱乐部

图 1-11　美国高尔夫球协会

（二）美国高尔夫球协会

美国高尔夫球协会是美国本土和墨西哥两个国家的最高高尔夫球管理机构。USGA 是由高尔夫爱好者经营管理、服务于高尔夫爱好者的非营利组织。

第三节　中国高尔夫球运动的发展和现状

一、中国现代高尔夫球运动发展初期

尽管中国在古代有过类似高尔夫球运动的“捶丸”游戏，但现代高尔夫球运动进入中国应是从 1896 年中国上海高尔夫球俱乐部成立开始。1931 年，中、英、美的商人合办高尔夫球俱乐部，并在南京陵园中央体育场附近开辟高尔夫球场，高尔夫球运动在一定范围内得到了传播。之后的半个世纪里，由于种种历史和社会的原因，高尔夫球运动在我国又悄悄退出了人们的视野。

改革开放以后，高尔夫球运动在中国又逐步发展繁荣起来。1978 年，时任全国人大常委会副委员长的廖承志在接见日本客人时就提出，可以考虑建设高尔夫球场，为来中国投资的外商提供休闲、度假的场所。

1982 年，深圳高尔夫球俱乐部申报立项，后经深圳市人民政府批准开始动工，这是新中国第一家申报立项建设的球会。

1984 年 8 月 24 日，由霍英东、郑裕彤等出资创建的中国内地第一个高尔夫球场——中山温泉高尔夫球乡村俱乐部对外开放，成为新中国成立

后内地第一座高尔夫球场，戴耀宗为第一任总经理，荣高棠在开业仪式上挥出了新中国第一杆。这标志着现代高尔夫球运动在中国的起步，填补了中国高尔夫球的空白。同年 12 月，北京国际高尔夫球俱乐部正式立项。

二、中国现代高尔夫球运动快速发展期

（一）职业制度的出台

1993 年 3 月 16 日，中国高尔夫球协会（以下简称“中高协”）出台《中国高尔夫球运动实行职业化制度的具体方案（草案）》。7 月 22 日，中国高尔夫球实行职业化制度终于被认可。10 月 12 日至 15 日，第一次职业高尔夫球选手资格选拔赛在北京国际高尔夫球俱乐部进行。京津海公司在深圳成立，成为国内第一家高尔夫球开发设计建造管理的公司，并成功举办了第一个国际性博览会——中国北京国际高尔夫球博览会，编辑出版了中国第一套高尔夫球系列丛书。

（二）世界赛事的引入

1994 年 2 月，观澜湖高尔夫球会、深圳市人民政府和国际高尔夫球协会在北京人民大会堂正式签署关于第 41 届世界杯高尔夫球决赛在深圳观澜湖高尔夫球会举行的协议。

1995 年，中高协和沃尔沃赛事管理公司首次将国际职业高尔夫球赛事引入中国，举办了沃尔沃中国巡回赛和沃尔沃中国公开赛，这是第一个由国外企业冠名赞助的中国高尔夫球国际职业大赛。

2004 年，欧洲巡回赛（以下简称“欧巡赛”）首次登陆中国，5 月的宝马亚洲公开赛和 11 月的沃尔沃公开赛都纳入欧巡赛系统。

2005 年 4 月，尊尼获加精英赛在北京华彬庄园举行，由欧巡、亚巡、澳大利亚 PGA 共同承认的赛事第一次登陆中国；8 月，由中高协主办的中国高尔夫球巡回赛正式启动；9 月，北京国际高尔夫球发展基金会成立，这是国内首家高尔夫球基金会；11 月，首届汇丰冠军赛在上海佘山举行，由于泰格·伍兹等巨星阵容而备受关注，该赛事也是当年亚洲地区奖金最高的赛事，至 2009 年球升级为世界锦标赛。

2006 年，观澜湖高尔夫球会成功获得高尔夫世界杯 2007~2018 年连续 12 年的举办权。

2008 年 5 月 8 日~5 月 11 日，华彬北京公开赛成为国内第一个获得中高协、亚巡赛（亚洲巡回赛）和日巡赛（日本巡回赛）共同认可的赛事；

9月11日~14日，青岛公开赛在青华山高尔夫球俱乐部举行，这是欧洲挑战巡回赛首次登陆中国；10月24日，大新华航空赛在海南海口西海岸球场举行，这是LPGA第一次在中国举行；10月30日~11月2日，苏州太湖杯女子公开赛在苏州太湖国际高尔夫球俱乐部举行，这是欧洲女子巡回赛第一次在中国举行。

（三）专业教育起步

1995年，北京高尔夫球运动学校成立，成为中国第一所培养高尔夫球专业人才的中等专业学校。深圳高等职业技术学院开设高尔夫球管理专业（该专业于1997年转入深圳大学，发展成为现在的深圳大学高尔夫球学院），开创了中国高尔夫球专业高等教育的先河。

2009年开始实施后备人才的梯队培养计划，通过HSBC的青少年计划，发现了一批好苗子，经过筛选，组建了国家青年队，标志着我国高尔夫球训练体系的进一步完善。2009年的冬训开始采用“请进来、走出去”的方针，结合中国实际情况，以我为主，采用多种形式学习先进的国际经验。我们男女国家队聘请外籍高水平专家和教练到队指导训练。运动员采取动态管理办法，并不断调整和完善，经综合评定，真正组建了一支能够打硬仗、思想过硬、团结一致、充分发挥竞技水平的国家队。

（四）加入国际组织

1996年3月19日，新加坡高尔夫球乡村俱乐部举行亚太高尔夫球联合会（以下简称“亚太高联”）会议，中国高尔夫球协会应邀列席了关于亚洲高尔夫球巡回赛的会议，与会代表一致通过中高协加入亚太高联。

2017年9月27日，国家体育总局局长、中国奥委会主席苟仲文在京会见了国际高尔夫球联合会（以下简称“国际高联”）主席皮特·道森。苟仲文向道森及国际高联对中国高尔夫球运动发展给予的大力支持表示感谢，他介绍了中国高尔夫球以及中国体育发展和协会实体化改革的有关情况，希望与国际高联进一步加强合作，提升国家高尔夫球队的竞技水平，促进高尔夫球在青少年中的普及与推广，指导中国高尔夫球的市场开发与宣传，从而实现高尔夫球的可持续发展。道森向苟仲文介绍了国际高联发展高尔夫球运动的相关情况，并希望与有关各方进一步加强合作，助力中国高尔夫球水平的提高和中巡赛（中国巡回赛）取得世界积分，推动中国高尔夫球运动的发展。

（五）球员表现

1. 中国女球员最杰出的代表——冯珊珊

2012年6月11日，冯珊珊获得世界女子职业高尔夫球四大满贯赛第二项赛事LPGA锦标赛冠军，成为中国第一位女子职业高尔夫球大满贯赛冠军得主；2013年1月19日，获得CCTV2012体坛风云人物年度最佳非奥项目运动员称号。2013年10月6日，以266杆的总成绩夺得华彬LPGA中国精英赛冠军，成为第一个在中国本土夺得LPGA冠军的中国运动员。2013年11月13日，当选“首届世界广府人十大杰出青年”；2015年5月，获得女子欧巡赛别克锦标赛冠军；2016年8月21日，在里约奥运会女子高尔夫项目比赛中，以274杆（70-67-68-69），低于标准杆10杆完成比赛，斩获112年以来奥运女子高尔夫项目的首枚铜牌，这块奖牌也是中国历史上第一块奥运会高尔夫球奖牌。

2017年11月5日，冯珊珊在第44届东陶日本精英赛中成功卫冕，赢得个人职业生涯第八个LPGA冠军；11月11日，在2017LPGA蓝湾大师赛决赛中，冯珊珊夺冠，登顶女子高尔夫世界排名榜。

2. 中国男球员最杰出的代表——李昊桐

李昊桐出生于湖南。2009年，14岁的李昊桐赢得高尔夫球生涯首个冠军——全国高尔夫希望赛。2011年，李昊桐正式转为职业选手。2016年5月，在第22届沃尔沃中国公开赛夺冠，首次加冕欧巡赛，成为这项赛事历史上最年轻的冠军得主。不仅如此，在同年举行的世界杯团体赛上，他与另一位中国高坛名将吴阿顺搭档，以-16杆的总成绩赢得并列第2名，这也是中国球手取得的历史最佳成绩。2017年7月，李昊桐在英国高尔夫球公开赛上获得单独第3名的佳绩，创下了中国球员大满贯赛事中的最佳成绩，同时锁定参加同年8月在美国北卡罗来纳州举行的年度最后一场大满贯赛——PGA锦标赛的资格，他也确定入选2018年英国公开赛和美国大师赛，成为第二位参加所有四项大满贯赛的中国球员。

2017年9月5日，在第十三届全运会高尔夫球男子团体赛上，由李昊桐、梁文冲领衔的广东队获得亚军。

2018年1月28日，中国选手李昊桐在迪拜沙漠精英赛第四轮打出69杆，总成绩低于标准杆23杆，以一杆优势击败麦克罗伊夺得冠军，这也是李昊桐夺得的个人第二个欧巡赛冠军。赛后李昊桐世界排名为第32位，创下中国选手的新历史。

2019年总统杯自动入选名单8月19日揭晓，“中国一哥”李昊桐排在名单第6位，成为8位自动入选国际队的球员之一，他也成为历史上第一位走上总统杯赛场的中国内地球员。在队长、南非名将厄尼·埃尔斯的带领下，在2019年12月9~15日的澳大利亚皇家墨尔本高尔夫俱乐部迎战由泰格·伍兹率领的美国队。12月1日，李昊桐获得2019高尔夫中国巡回赛冠军赛亚军。

三、中国高尔夫球运动发展的困境

近年来，在相关政策的支持下，我国高尔夫球运动行业持续向好发展。2016年，中国高尔夫球协会正式授牌中国68家单位成为首批认定青年竞赛训练基地或中心，为广大青少年提供教学指导。2017年，高尔夫球协会发布了《高尔夫球运动发展“十三五”规划》征求意见稿，提出在“十三五”期间实现高尔夫球参与人数达到3 000万人，青少年参与人数达到2 000万人的目标。从市场规模来看，2020年中国高尔夫球运动市场规模约为102.6亿元，同比增长4.4%。

虽然行业发展快速，但我国高尔夫球运动与发达国家相比仍有一定的差距。从球场数量和球场密度来看，当前美国高尔夫球场数量为23 000座，球场密度为470平方公里/座；我国高尔夫球场数量仅为330座，球场密度为70 000平方公里/座。造成此种情况的因素较多。一方面，由于高尔夫球场建设会耗费大量自然资源和人力资源，所以高尔夫球运动在社会上的争议较大；另一方面，国内针对高尔夫球场的营销能力较弱，缺乏全面的相关人才培养体系。

第四节　高尔夫球运动规则和礼仪

一、高尔夫球运动规则

高尔夫球运动是一项需要精神集中和拥有精湛技术控制能力的户外运动，运动员以14支高尔夫球杆击球入洞，18洞为一轮，运动员的得分为完成所有进程所需的击球次数，杆数最少者为胜。高尔夫球运动与其他球类项目不同，很少有固定的比赛场地，赛道也变化多端。比赛的标准杆数通常是72杆，这也是我们所说的一轮比赛，通过4天4轮的比赛来决出胜

者。因此，高尔夫球运动也就有了其独特的比赛规则。

（一）高尔夫球比赛基本形式

高尔夫球基本比赛形式有比杆赛和比洞赛，其他的许多比赛形式都是在这两者的基础上发展起来的。

1. 比杆赛（Stroke Play）

比赛者均需完成指定回合，总杆数最少者即为冠军。

计算出每一球洞实际打击杆数，在比赛回合结束时，将各洞杆数总计，称为总杆数。若为无差点的比杆赛，即总杆数最少者获胜。若为有差点的净杆赛，即用总杆数扣除差点（差杆），以所得的余数（净数）来决定成绩。

一般职业巡回赛、各国公开赛、锦标赛均采用无差点的总杆赛，均为4天4回合72洞。

俱乐部会员间及一般非职业球友大都采用有差点的净杆赛来竞赛。

2. 逐洞赛/比洞赛（Match Play）

逐洞赛是以每个洞为1单元来定输赢的比赛，每1个洞杆数最少的一方就是该洞的胜利者。

比赛规定的洞数一般均为18洞。如果其中一方领先的洞数已超过未打的洞数，则胜负已分，可终止比赛，领先的便是胜利者。

（二）高尔夫球基本打球规则

高尔夫球运动之所以被称为“绅士运动”，很大程度上取决其严谨而自律的基本规则。

高尔夫球运动的总则可概括为：

第一，高尔夫球比赛是依照规则从发球区开始，经一次击球或连续击球将球打入洞内的。

第二，除按规则行动以外，高尔夫球运动员或球童不得有影响球的位置或运动的任何行为。

第三，高尔夫球运动员不得商议排除任何规则的应用或免除已被判决的处罚。

1. 高尔夫球运动基本规则

（1）高尔夫球运动最基本的两项规则。

第一，参赛者务必在公平的条件下进行比赛。

第二，比赛过程中必须客观地处理对自己有利的状况。

高尔夫球运动的其他各项规则都是基于以上两项规则制定的。

（2）以击球方式将球打进洞。

第一，所谓打高尔夫球最基本的方式，就是将一颗球自球台连续打击直至其进洞。简言之，即由第一杆开始，接着第二杆、第三杆，重复地击球，将球打进洞，除此之外别无他法。若是拿着球移动，或是利用投掷、滚地等方法，都是违反规则的。

第二，待球处于静止状态后才能继续进行比赛。当球被击出后，不论是在何种状态下行进，都应该等到球处于静止状态后才可继续进行比赛，绝对不可触摸或挪动球的位置，亦不能为便于挥杆而改变周围的环境。

2. 高尔夫球运动规则的内容

高尔夫球运动规则的内容繁多，这里只简单介绍以下几种。在第二章里再重点介绍比赛规则。

（1）礼貌规范。

①安全。挥杆和打球时都要注意安全，防止伤害事故发生。

②为他人着想。要礼让谦虚，不影响别人打球，不拖延时间，当球击入洞后，要立即离开果岭。

③按顺序击球。如无特定规则时，两人组比三人组或四人组有优先权，并可超越前组。若一个组的比赛进行得太慢，并落后前面一组一洞以上，则应让后面一组超越。

④比赛场地的维护。沙坑击球完成后，运动员需要耙平沙面留下的脚印和打痕。在球道区和果岭推杆完成后，修补产生的球痕和由球鞋产生的草坪损伤。运动员在果岭上移动旗杆、放置球包、从洞中取球时，要谨慎操作，以免破坏球洞和损伤果岭草坪。运动员在开车打球或手拉推车打球时，要遵守球场内指示牌所指定的行车线路。

（2）发球区规则。

①比赛迟到。如果迟到不足 5 分钟，要加罚两杆（+2 杆）。若超过了 5 分钟，就要被判为失格，即没有资格参赛了。

②击球顺序。击球顺序可以按竞赛委员会规定的顺序，也可抽签、猜拳或按年龄大小决定由谁先发球。

③比赛指导。对大家都知道的事实，如沙坑、旗杆的位置等是可以问的。若你问同伴使用的是几号杆，则要被判罚两杆；同伴若回答了，同样也要被罚。

④球从球座上滑落。往球座上放球，球从球座上掉下或是在准备击球时杆头不小心碰到球使球落下，可以把球重新放回球座而不受罚。但如果正式挥杆而没打到球，不管球是否移动，均应算作一杆。若空挥时使球从球座上落下，也只能在原位打第二杆。如果把打落的球重新放在球座上，那么再打就是第三杆了。

⑤球出界。如果球飞出界外，必须向同组比赛者说明，再在上一次击球处打一个暂定球，被判罚一杆。要重新打时，应等待大家都打完之后再打。在发球区击球出界，那么补打的这一杆就是第三杆了。发球时，球必须放在发球区内，再击时仍需放回球座。

（3）球道规则。

①击球顺序。在球道中，应由距离球洞较远的人先打。

②错球。比赛中如把别人的球误认为自己的球而打了，要被罚两杆。而自己的球被局外人动了，则不受罚，但必须把球放回原位。

③球损坏。在确认自己的球损坏时，可以向同伴说明后换球。如果没有说就换球，则要罚一杆；如果偷偷摸摸地换球，则罚两杆。

④无法打球。球打到树根旁，没有办法打时，可以向同伴说明罚一杆，把球拿出，在远离球洞的方向，在以两杆为半径的范围内抛球。球停在道路上或修理地上时，可以在远离球洞的方向，在一杆以内的位置抛球，但不受罚。

⑤临时积水。球落在临时水域时，可以从水中取出置于无水的地面；如在水中丢失，则换一新球，并从尽量靠近临时水域中球位的无水地点击出，不判罚。此规定亦适用于靠近临时水域的球位。

⑥触球。比赛时不允许身体任何部位触球。换球时可能触到球，只要不使球位移动，不把球碰下球座就不罚杆。为了辨认是否是自己的球，可将球拾起，但需放回原位。

⑦抛球。这是指球丢失后用暂定球确定球位的方法。根据规则，应让球自由落下。具体做法是：面向球洞方向站立，一只手持球伸向水平方向，与肩等高，然后张开持球之手，使球落地。如果由其他人或以其他形式落地又不按规则纠正错误，要被判罚一杆。如球落地前后碰到自己、同伴、球童或其器材，则需重新抛球，不罚杆。

⑧移动球。球打到高草区时，为了确认是不是自己的球去摸草是可以的，但若移动了球，则罚一杆。

⑨球遗失。在5分钟内找不到球则视为球遗失。重新打一个球时，要回到原位去打，并加罚一杆。

⑩折断树枝。在打球时折断树枝或空挥时弄断树枝，都要罚两杆。

⑪击中球车。球打在自己的推车或球袋上，要罚两杆。

⑫击中人。比赛中球击中自己、同伴或球童时，要罚两杆。

⑬连击球。球杆在击球时，两次碰到球，即为连击，应算两杆。

（4）障碍区规则。

①球进入沙坑。在沙坑中，准备打球时球杆碰到了沙子要罚两杆。

②球进入水障碍区。碰到此种情形，要罚一杆，然后在进水切点的水障碍区外面抛球。当然，如果你认为在水中可以打则不受罚，但在准备时球杆不得触及水面或水障碍区的物体，否则要被罚两杆。在发球区将球击入水障碍区时，允许在球座上再放一球重新击球，应算第三杆。

（5）果岭规则。

①擦拭球。球打上果岭，可以把球拿起来擦。但拿起球之前，必须做好标记，如果没有做标记，要罚一杆。

②拔旗杆。一组选手的球都打上果岭后，才可以拔掉旗杆。

③拿起球。在果岭上，谁的球离洞远谁先打，其他球（特别是妨碍打球人的球）应做上标记，把球拿起。

④散置障碍物。在果岭上，推击线上有树叶可以拿走，如果在推击线上有钉鞋的印痕，则不能去整理。

⑤运动中球。别人推的球还在动时，你就做动作打自己的球算犯规，要罚两杆。

⑥击球入洞。在正规比杆赛中，每一洞都必须击球入洞（即使同伴已经承认你下一杆一定能将球击入洞内也不行），否则即失去参赛资格。

⑦球碰球。从果岭外面打球上果岭时，碰上了本来就停在果岭上的球，要把被碰到的球放回原位（若两个人的球都在果岭上，则被打到球的人要被罚两杆）。

⑧误击入洞。比赛时，如误将别人的球击入洞，要被罚两杆，别人的球不算入洞，需从洞中取出，放回原位。

3. 关于球的位置的有关规定

球的位置是所有比赛规则的一个基本出发点。为了保证自己对比赛规

则有充分的了解，避免因犯规而失利，一定要记住以下规定：

（1）当整个球处在界外时，球为出界，判断标准是界线柱最内侧的点在地面上的连线，或有些情况下为边界线。

（2）当球的任何部分接触到水障区标记线时，球就是处于水障区了，要记住标志柱本身也是水障区的一部分。

（3）当球的任何部分接触到果岭时，球就算是位于球洞区了。如果球在果岭边缘，有一部分突出于果岭之外，则不能算是在球洞区。

（4）如果球的任何部分位于发球区内，则应视为在发球区内架球。发球区是一个长方形的区域，宽度为两个球杆的长度，前面和侧面由发球区标记的外界限来决定。

二、高尔夫球运动礼仪

高尔夫球运动之所以被称为“绅士运动”，很大程度上是因为这项运动有自己独特的礼仪，正是这些礼仪的存在，才有了高尔夫球运动的文化精髓：诚信，自律，为他人着想。任何一项体育运动，都源自一种游戏，参与者要共同遵守统一的游戏规则。为了使游戏能够公平、公正地进行，多数情况下都由裁判执行规则和判罚。而高尔夫球运动大多是在没有裁判员监督的情况下进行的，这项运动主要依靠每个参与者主动为其他球员着想和自觉遵守规则的诚实信用。不论对抗（非身体接触）多么激烈，所有球员都应自觉约束自己的行为，在任何时候都表现出礼貌谦让和良好的运动精神。由于高尔夫球运动的特殊性，参与者既是运动员又是裁判员，所以对参与高尔夫球运动的人品、道德、行为和约束力提出了更高的要求。

（一）练习场礼仪

高尔夫球练习场，不仅是初学高尔夫的人，也是职业选手经常光顾的地方。打练习场要遵守以下礼仪：

第一，保证安全。安全是头等大事。练习场在打位和休息区之间一般有黄色标识，意在请非打球人员远离黄色标识。球友互相指导时，一般站在击球方向的反方向比较安全。

第二，不要大声喧哗。高尔夫球运动是要求注意力非常集中的运动，练习场也是公众场所，大声喧哗必然引起大家的反感。

第三，不要带宠物进入。宠物是人类的朋友，但在高尔夫球练习场，不要带宠物进入。

第四，注意着装。练习场的着装与下场要求别无二致。正规练习场规定，男士需着有领有袖上衣，女士不得穿超短裙，一律不可穿牛仔裤。

第五，练习果岭时，注意保护草坪。

第六，遵守练习场的各项规定，不要擅自走出打位在草地上击球。

第七，去练习场之前最好事先打电话咨询或者预约。

（二）高尔夫球会所礼仪

高尔夫球会所即高尔夫球俱乐部，是每位客人或接送人必须经过的场所，要注意仪表和举止。良好的着装和行为不仅代表一个人的素质，也表明对其他会员和客人的尊重，每个人都有维护俱乐部形象的义务。在高尔夫球会所应遵守以下礼仪：

第一，充分利用更衣室。即使是换双鞋，也最好到更衣室去，不要在会所大堂里脱袜脱鞋。

第二，安排好随行人员，不下场的随行人员也要注意自己的行为，不要大声喧哗、大声接打电话，更不要衣衫不整地在会所里打瞌睡。

第三，保持鞋底干净。下场回来进入会所之前，一定要将鞋底的泥和草清理干净。

第四，下雨天不要把伞带进会所，保持会所的公共卫生。

第五，保持洗手间清洁。卫生间最能体现一个人的素养，保持水盆、马桶的清洁也是为他人着想的绅士之举。

（三）高尔夫球服饰礼仪

一般的高尔夫俱乐部通常会要求上身穿着有领有袖的T恤衫，不允许运动员穿圆领汗衫、吊带背心、牛仔系列服装、超短裙、过短短裤等过于休闲的服装上场。有些俱乐部还专门规定不允许穿任何式样的短裤下场，有些对短裤的样式和长度还有所规定，所以棉质的休闲长裤是最佳的选择。至于高尔夫球鞋，目前大部分俱乐部出于保护草坪的需要，规定在球场上只能穿特制的胶钉球鞋。

（四）打球过程中的礼仪

1. 发球台礼仪

发球台礼仪的关键是尊重正在发球的球友，处处为他人着想。对一个想要集中精力开出又远又直的球，或想一杆击球上果岭的球员来说，任何多余的动作或声响，或者其视线余光中感觉到的任何移动都是无法接受的，这些都有可能导致发球失误。

高尔夫发球区域（teeing ground），又称发球台，是指后方纵深为两球杆长度，前面和两侧由两个发球区标志限定的范围。下面我们谈到的礼仪就是应用于整个发球区域的。发球台是每一轮、每个洞打球开始的地方，俗话说："良好的开端等于成功的一半。"如果一上发球台就碰上不合礼仪的行为，整场球或许都会笼罩着不开心和尴尬的气氛，那将是十分扫兴的。

（1）第一洞发球台做的第一件事是互致问候。高尔夫球运动在国际上被称为"绅士运动"，运动员应时时处处体现出绅士风度。在第一洞发球台开球之前，应主动与同组球友——无论是同伴还是对手——作自我介绍，握手问候，并祝对方好运。当然，在球友开出好球后也别忘了为他喝彩，喊上句"好球！"

（2）发球顺序。如果是平日较随意的打球，在第一洞发球台同组球友可以采用协商的方式来决定开球顺序。如果是男女混合组，并且运动员都是使用同一发球台，应该请女士优先发球。

在比较正式的打球或正规比赛，如果事先没有编排分组表，则可以采用抽签的方式，或是按照差点高低，让低差点运动员先发球。

很多时候球友喜欢抛球托决定先后次序：四人围成一圈，向空中抛一个球托，使之落在中间，球托尖端指向的球员最先开球，之后再在剩下的运动员中重复以上步骤，直到排出第三、第二及最先开球人的顺序。

第一洞之后，其余的发球台应该按照上一洞成绩决定发球顺序，即杆数最低的球员优先击球。

（3）发球台的选用。球场常常提供不同的发球台标志，可以让不同水平的球友同组打球。一组运动员使用不同颜色标志的发球台是很常见的，每一个运动员都应选择适合自己的发球台。

如果是初学者，就应选择离洞较近的发球台。近年建造的球场通常都有五组发球台，以方便各种水平的运动员选择。

一般情况下，红色发球台供女运动员使用，白色发球台适合一般水平运动员，而蓝色发球台以及更靠后的发球台则是给富有经验的高手准备的。刚刚开始打球的男士通常选择白色发球台。此外，无论从哪个发球台开始发球，击球后离开发球台时别忘了把地上自己用过的球托捡起来。

职业比赛的发球台由组委会决定，运动员不能自己选择。作为业余选手，应根据自己打球的能力和水平来选择。美国 PGA 推荐球手根据

表 1-1，选择发球台。

表 1-1 单位：码

平均发球距离	推荐发球台（根据发球台对应的总球道长度）
300	7 150~7 400
275	6 700~6 900
250	6 200~6 400
225	5 800~6 000
200	5 200~5 400

注：1 码≈0.914 4 米。

（4）不击球的球手要靠边站立。同组球友轮流发球，每次只允许一个运动员在发球区击球，其他人应该站在发球区标识以外靠一侧的地方，最好是在发球球员视线触及不到的位置，以免让其分心。注意不能站在击球运动员和球的正后方，这不仅不礼貌，也是违反规则的。

（5）保持安静。尊重同组球友，不要在有人准备发球及击球时交谈，或议论其他人的挥杆，同时还要避免在发球台上整理球包内的球杆。

（6）注意安全。站在发球台准备发球，前面如果有人在球道上或果岭上，一定要等前面的人走出安全距离或走下果岭后，方可开球。

（7）加快打球速度从细微处做起。用心观看同组球友的击球，有时由于阳光照射或其他原因，人们看不清楚自己球的落点。如果你能细心地为其他球手留意球的落点，他们会十分感激。同时，这样做还可以减少遗失球，节省全组的打球时间。

有些运动员在发球台击球之后习惯留在原地盯着飞出去的球，即使球落地后也愿不离开，站在发球台上对自己的球喋喋不休、抱怨不止。这种行为会影响到下一个击球的运动员。下一个若到你开球，你没有必要等他离开发球区域，事先在手中拿好球座和球，一旦前一位击球完毕，就径直走上发球台插球座准备击球。这并不是没有礼貌的行为，相反，还能够提醒其他运动员不要拖延时间。打高尔夫球不需要赶时间，但是也不能耽误同组球友的时间，甚至是下一组球员的时间。

（8）让球车远离发球台。无论是手拉球车还是机动球车，都严禁开上发球区域，因为球车轧过发球台后在草坪上留下的车辙印很难修复，会给

其他运动员带来不便，并给高尔夫球俱乐部造成损失。

（9）修补打痕。如果因为自己的开球，造成发球台上的打痕，请及时添沙抚平。

2. 球道礼仪

球道礼仪主要包含以下几个方面：

（1）保护草坪。击球伤及草皮时，应立即取回补平或请球童填沙。练习挥杆不伤草皮，以免影响草皮的美观和生长。在球场不乱丢废弃物，以保持环境整洁。

（2）注意安全距离。务必等候前一组人已走出你击球可及的距离再打球，以免引发危险。

（3）注意击球顺序。球在球道或果岭上距旗杆最远的人优先击球，球是否上果岭不是决定击球顺序的要素。

（4）保持安静。他人挥杆时不要出声及走动，以免影响击球人的注意力或情绪。

（5）不干涉他人技术。不要批评和评价别人的球技，也不要主动指导别人击球或看推杆路线。

（6）注意找球时间。找球不可超过 5 分钟。

（7）讲求诚信。高尔夫球运动是诚实的运动，不要作弊，不能偷移球、偷偷放置另一颗球，更不能少记杆数。

（8）注意礼让。后组人数较少或同组速度太慢，则应礼让后组，让其超越先打。

（9）注意打球人员的数量。单独击球的运动员并没有优先权，遇比赛时，更不能以人数少要求插队。

（10）注意安全站位。为了避免发生意外，以及影响打球者心情，绝对不要站在打球者的前面。

（11）积极准备打球。当别人打球时，先选好自己的球杆等在球旁，做击球准备，避免浪费时间。

（12）迅速找球。失误之后，请尽速带着球杆去找球。

（13）处理失误球时要注意安全。球打到隔壁洞后，要先察看是否有人击球，确定安全之后再击球。

（14）失误时注意警示。球击出之后，如果球一直向人多处飞去，则应大声喊叫示警，闻者应抱头蹲下。

3. 沙坑礼仪

打完沙坑球，应将足印及打痕铺平。下沙坑和离开沙坑时要从离草坪最近的那边进出。

4. 果岭礼仪

（1）果岭应得到悉心呵护。果岭草是球场草皮中最脆弱、最不易维护的区域，理应得到悉心呵护。运动员在果岭上只能轻柔行走，切忌跑动，同时走动迈步时需将脚抬起，以免因拖曳导致在果岭平坦的表面留下划痕。

旗杆要轻拿轻放，以免伤及果岭及洞杯；离开果岭时，应将旗杆插回洞后再离开，以方便下组人员认清方向及测定距离；果岭上的球痕及鞋钉的踏痕要用修钗细心修复。

（2）不要破坏别人的推击线。推球入洞后，不要在洞边手扶推杆握柄，身体倚靠推杆弯身从洞杯中拾球。因为杆头会压迫球洞周边的草皮，导致不规范的球路偏移，从而改变球在果岭上原有的滚动状况。在判读果岭或推击线时，要绕过其他球友的推击线，以免留下的脚印破坏他人的推击线。

（3）确保正在推球的同伴不受干扰。当同组球友在推球或准备推球时，除了不能走动及发出声响以外，还要注意自己的站立位置，应站在推击球员视线之外，同时按规则规定，不能站在推球者推击线向两侧的延长线上。

（4）不要在果岭上停留过久。当最后一位球友将球推入洞后，同组运动员应迅速离开，走向下一个发球台，如需要通报记录成绩，可以边走边做，不要耽误后面组进攻果岭。

5. 高尔夫球观赛礼仪

高尔夫球运动是一场极为特殊的运动，它可以让你近距离观察，以至于能听见球友与球童、球友之间的对话，就连球手对球童说的“悄悄话”都可以听到。没有任何一项运动能给选手这样的机会，使选手轻易地与明星近距离接触。与之对应，在比赛期间，观众不恰当的一言一行都会影响到球手注意力的集中和水平的发挥，最终改写比分。这就是为什么高尔夫球运动会有如此严格观赛礼仪的原因。

（1）当运动员准备击球和挥杆的时候一定要保持肃静。高尔夫球运动是一项高雅的休闲运动，观众近距离观赛时，不能大声喧哗、急行猛跑或

发出噪声，特别是当“保持安静”的牌子举起时，应严格遵守。不要在高尔夫球场上到处跑，这是很多球场都严厉禁止的行为。

（2）当运动员在做出击球准备或者击球动作的时候，切勿随意走动。在走动之前一定要仔细观察一下周围的环境，这样才不会在走动的过程中打扰到球员，随意走动可能会严重分散球员的注意力。

（3）只有等所有运动员都完成击球之后，才能走动。当球场所有人都追随某一个球员、超级巨星或是本土选手时，这就是一个非常严重的问题。当他们完成击球之后，有时观众会离开球洞区或者发球区，而不是继续等待同组的球员击完球。请尊重每一个球手，不要在他们正在击球的时候随意走动。

（4）观众要注意自己的手机和照相机。在大多数高尔夫球锦标赛中，手机都是禁止使用的。关机或者静音是最好的选择，毕竟观看高尔夫球比赛也是一种享受过程，别让其他事情打扰自己。对于照相机，大多数锦标赛也是禁止的，其实原因也是一样，照相机的闪光灯和快门声会对球员的击球造成严重的干扰。

（5）为避免影响运动员的发挥，观众要注意自己的穿着，现场观众必须身穿带领子的上衣，一般无领 T 恤及露背的背心是不适宜的，同时也不能穿牛仔裤；另外，为了保护草皮，最好穿运动平底鞋入场。男士应着有领、有袖恤衫、棉制休闲长裤或及膝短裤，女士应着有领恤衫、过膝裙装、短裤或长裤。一般要求观众穿舒适耐磨的休闲鞋，女士一般禁止穿高跟鞋入场。同时应携带保暖、防雨外套，并提前做好防晒保护。对观赛者服饰的要求虽然没有比赛选手那么严格，但是符合高尔夫球运动的着装是高尔夫球运动最基本的礼仪之一。

（6）按照规定，运动员在进行比赛时，球道内不允许球迷进入。

（7）如果看到心仪的球星，想要拿到他（她）的签名，请勿在比赛中途找他（她）签名，而是等运动员结束比赛交出计分卡或是赛后去练球时，再请球员签名。在某些规则更为严格的球场，为了保护运动员的安全，在比赛的练习日和比赛日禁止向球员索取签名，寻求签名只能在俱乐部会所一侧的停车场处进行。

第五节　高尔夫球场

高尔夫球运动是使用不同规格的高尔夫球杆将高尔夫球打入球洞的过程。高尔夫球场按照长度和标准杆数，可分为正规球场、锦标赛球场、行政球场和短球场；按照建造场地特征，高尔夫球场可分为林克斯球场、内陆球场、公园球场、森林球场、山地球场、丘陵球场、海滨球场、沙漠球场、荒地球场、高原球场和坡地球场。

一、场地要求

(1) 高尔夫球用地应满足高尔夫球比赛的技术要求和娱乐活动的特点，应选择交通便利、环境优美、绿色植被充裕茂盛和无污染的地段。

(2) 高尔夫球场除主赛球场外，一般还应包括练习场地、俱乐部会所、后勤服务区域、管理办公区域、停车场等，需要时还可附设度假居住设施、游泳池和其他娱乐设施等。

(3) 高尔夫球场需有较开阔的草坪，一般宜利用丘陵缓坡地带设置，占地 6.5×10^5 ~ 7×10^5 平方米，球道处地面起伏高差 10~20 米为宜。

(4) 正规球场应划分为 18 个大小不一、形状各异的场地，每块场地均由开球台、球道、果岭和球洞组成。开球台到球洞的间距不等。标准球场的总长为 5 943~6 400 米，宽度不定。球场四周应有界线标志，关键地段设置界桩。每个分场地占地 3×10^4 ~ 3.5×10^4 平方米。

(5) 开球台即开球用的草坪，台上有两个球状标记，相距 4.5 米左右，两个标记之间的连线被称为开球线。开球台一般面积 30~150 平方米，较其周围地表高 0.3~1.0 米，表面为修剪过的短草，有一定坚硬度且表面平滑。一般每个洞的开球台设两个，分别供男女选手使用。如供正式比赛使用，还需增设第三个开球台。球洞应高出开球台，但不宜超过 20 米。

(6) 果岭为球洞所处的区域，其平面多呈近似圆形或椭圆形的自由形状，表面种植优质草坪，并经修剪和碾压密实，略有缓坡起伏，使球能在场地上无阻碍地滚动。

(7) 由开球台到果岭和球洞间为平坦球道，其宽度最小为 30 米，一般为 40~50 米，植以剪短的草皮。球道外为粗糙地带。靠近球道为宽 2~3 米的轻度粗糙区，即植有剪短的野草，其外侧为重度粗糙区，即为自然草

丛或树林等，其间出球有较大难度。

（8）场地内可有意设置沙坑、水塘、小溪等形成障碍物地带，以增加击球的趣味和丰富场地的景观。

（9）合理布置不同长度的球道，球道长度一般按标准杆数计算，男子为3~5杆，女子为3~6杆。通常场内设3杆洞4个、4杆洞10个、5杆洞4个（见图1-12）。

图1-12　球道设计

二、高尔夫球场设施

1. 会所

会所也称高尔夫球俱乐部，多设于球场的入口处，是为球员提供休息、更衣、餐饮的场所。会所前设有停车场，并且一般设置可供球员登高

远望的观景点（见图 1-13）。

图 1-13　会所

2. 开球台

开球台是每个球道击球的开始，一个球道常包括 3 个远近不同的发球区，分别为女发球区（比男发球区接近果岭 20%）、男发球区及比赛发球区（位于开球区后离果岭最远处），有时也将三个发球场合并成一个大的发球区。发球区应高于四周地势，以利于雨天排水（见图 1-14）。

图 1-14　开球台

3. 球道

球道是球场中面积最大的部分，是从发球区到果岭所经过的路段。球道两侧是起伏的地形或树丛，使球道和球道相分离，球道为宽阔的草坪，球员一般能够在发球区看到果岭。根据运动员的击球距离，常在落球区和果岭周围有计划地设置沙坑、水塘、小溪等障碍物，用于惩罚运动员不准确的击球，并提高比赛的刺激性和激烈程度（见图 1-15）。

图 1-15　球道

4. 果岭

果岭是每个球道的核心，是球洞所在地。球被打入球洞后，该球道的使用即告结束，进入下一个球道。果岭的面积为 111～2 545 平方米，形状有圆形、椭圆形等，高度比四周地势高 0.3～1.0 米（见图 1-16）。

三、高尔夫球场的一些设计要点

1. 高尔夫球场的设计原则

（1）因地制宜。巧妙利用原有地形，充分利用原有的丘陵、山地、湖泊、林地等自然景观。

（2）具有一定的灵活性。高尔夫球场与其他体育运动场所的设计不同，没有固定的严格尺度要求，只要基本满足每洞的杆数和球道的长度要求即可。

（3）与竞赛要求相结合，尽量降低土方量，进行综合规划与设计。这

图 1-16 果岭

样不但节约投资，而且容易形成自己的特色。

(4) 追求个性。追求个性是高尔夫场设计的一大特点，全世界没有两个完全一样的高尔夫球场，每个高尔夫球场都在自身特色上进行了深入的研究和创新，以期吸引更多的会员。

2. 高尔夫球场主要部分的设计

(1) 开球台的设计。开球台的形状多种多样，以长方形、正方形、椭圆形为常见，另外还多用半圆形、圆形、S 形、L 形等。发球台一般面积为 30~150 平方米，较周围高 0.3~1.0 米，以利于排水并增加击球者的可见性，表面为修剪过的短草，草坪有一定坚硬度且表面光滑，要求地表水能迅速排出，从发球角度考虑又应有一定的平整度，一般取 1%~2%的微坡度。

(2) 球道设计。南北方向是较理想的球道方向，球道一般长 90~550 米、宽 30~55 米，平均宽约 41 米。

(3) 果岭设计。设计果岭时应考虑以下方面的内容：

第一，果岭是高尔夫球场的关键区域。每个果岭的大小、造型、轮廓和周边的沙坑都各具特色，以创造丰富的挑战性和趣味性。果岭草坪高度要求为 0.050~0.064 米，要做到均匀、光滑。

第二，果岭的排水。果岭上的地表水应从两个或两个以上的方向排出，果岭的地形设计应使地表水的排水线避开人流方向。一个果岭的大部分坡度不应超过 3%，以保证击球后球运动的方向。

第三，练习果岭。练习果岭是供高尔夫球学习者练习击球进洞的专用场地。练习果岭通常位于高尔夫俱乐部和第一个发球台附近，应能够设置9~18个球洞及它们的替换位置。果岭表面应有一定的坡度，同样以3%为宜。为保证练习果岭草皮的质量，一个高尔夫球场应设置两个或两个以上练习果岭，轮换使用为佳。

（4）障碍区。障碍区一般由沙坑、水池、树丛组成，用来惩罚运动员的不准确击球，将球从障碍区击出要比在球道上击出困难得多。

第一，沙坑。沙坑一般占地面积为140~380平方米，有的沙坑可达2 400平方米左右。现在大多数18洞高尔夫球场有40~80个沙坑，沙坑数量可根据打球需要和设计师的设计思想来确定。球场沙坑的设置应合乎自然策略，通常球道沙坑位置依锦标赛发球台的距离来确定。沙坑的位置还要根据该地的排水特点，沙坑要有好的地上和地下排水条件，一般设置在地势低平和地下排水充分，或在沙坑下有良好的渗水条件的区域内。沙坑可以建在草地平面以下。从维护管理角度来说，果岭一侧的沙坑应设置在距离果岭草坪3.0~3.7米的地方，以便修建机械的通行及防止沙坑中沙子被风吹到草坪之上。果岭基层沙坑内的沙厚至少应为0.1米，沙坑的斜坡或凸起的沙层厚度至少应为0.05米，球道沙坑的沙厚相对要浅一些。高尔夫球场沙坑的用沙要求是比较严格的，75%以上沙子的粒径应为0.25~0.50毫米（中粒沙），选用有棱角的沙子为最好。沙子的颜色以白色、褐色或浅灰色为好，但应避免沙子颜色太白，导致看不清球体。

第二，水池。水池不仅是击球的障碍，同时还可起到很好的造景作用。水池可以设计于单个球道内，也可以几个球道共用一个水池，有时也将球台或果岭设在四面环水的岛上，增加击球的难度和乐趣，丰富球道景观。水池边适宜造景，可架小桥，面积较大且水源充足时，可以规划喷泉或瀑布。

（5）标志树。高尔夫球场中的标志树是为使高尔夫球手在击球时能够计算出球落点的位置而栽植的，常在距发球台50码、100码、150码、200码的位置上栽植，可在50码、150码处栽植单棵大树或小树，在100码、200码处栽植两棵大树或小树，使击球手容易判断球落地的距离。

（6）其他。除上述方面外，高尔夫球场的设计范围一般还要包括练习场、会所以及休息亭等，可根据具体情况灵活设置。在球场面积方面，从占地几十公顷的土地规划出 18 个球道，一般 18 洞的球场是由 4 个短洞、4 个长洞以及 10 个中洞所构成的，标准杆为 72 杆。然而，若有地形特殊和土地面积大小等因素的差异，其标准杆也可介于 72 杆加减 3 杆之间。总而言之，18 洞标准杆在 69 至 75 杆之间皆可接受。在善于规划的设计师的设计下，整个球场 18 洞刚好可以使整组 14 支球杆充分发挥作用。

高尔夫球规则

第一节　高尔夫球规则要点

高尔夫球运动的发展，也是高尔夫球规则不断演变的过程。规则的演变与不断完善又促进了高尔夫球运动的发展。

高尔夫球运动自 15 世纪在苏格兰诞生至今，已成为一项风靡全球的体育运动，深受大众喜爱。从著名的“莱德杯”“总统杯”“四大满贯赛”“七大巡回赛”，到其他各地区职业赛和业余赛事，无不遵循同一个法则——《高尔夫球规则》。《高尔夫球规则》是由苏格兰圣·安德鲁斯皇家古老高尔夫俱乐部和美国高尔夫球协会共同制定和颁布的，是从事高尔夫球运动的人必须遵守的行为准则。打高尔夫球必须按照高尔夫球规则行事，球手或赛事委员会不能自由选择一轮比赛中使用哪些规则。

与其他运动项目不同，高尔夫球运动大多是在没有裁判员监督的情形下进行的。这项运动主要依靠每个参与者的诚实和守信。无论竞争有多么激烈，所有球员都应当自觉约束自己的行为，在任何时候都表现出礼貌谦让和良好的运动精神，这也正是高尔夫球运动的精髓所在。每个人在接触高尔夫球运动以后就与这项运动及其规则结下了不解之缘。以下就是打高尔夫球过程中应当遵循的行为规范与注意事项。

一、不迟到

参加高尔夫比赛最大的禁忌就是迟到。若是与朋友间的比赛迟到，定会被列为最不受欢迎的球友；若是正式比赛场合迟到，轻则受罚，重则失去比赛资格。迟到的处罚可依比赛形式分为两种：比杆赛中，对迟到者处罚两杆；比洞赛中，则判第一洞负。

二、了解比赛规则

每位参赛者都必须了解球场的比赛条件：

（1）比赛的正确时间；

（2）各组成员的编排；

（3）运动员自己被认可的差点；

（4）第一洞是一号或十号；

（5）比赛需要打几轮；

（6）比赛当天当地之规则。

三、记分

在比杆赛中，如果有必要，为其他运动员记分的运动员应当在走向下一发球区的过程中核对相关运动员刚打完之洞的成绩并记录下来。

四、球包中球杆的限度为 14 支

在正规的竞赛中，每位选手最多只能携带 14 支以内的球杆参赛。球杆若少于 14 支，可补充到 14 支。

例如，在比杆赛中，运动员 A 把自己的推杆忘在上一洞的果岭上，于是向同组运动员 B 借推杆使用。在下一洞的发球台上，赛会委员会发现了这种情况。根据规则，运动员 A 没有权利借用球场上正在比赛的任何运动员使用中的球杆（4-4a）。处罚结果是：运动员 A 因为违反规则 4-4a 受到两杆的处罚，并且必须立即按照规则 4-4c 宣布不再使用运动员 B 的推杆。假如运动员 A 随后找回了自己的推杆，可以继续使用他的球杆。运动员 B 可以拿回自己的推杆并且可以在一轮的剩余时间继续使用自己的推杆。

五、可练习的场所

开球前，为了防止受伤和尽快进入比赛状态，选手可以进行热身活动，但要在规定的练习区域内练习。如果没有特殊规定的话，可在以下地点练习：

（1）练习果岭；

（2）比赛过的果岭；

（3）下一个洞的发球台上。

注意：不能在沙坑和没有比赛过的果岭上练习。

六、高尔夫球车

运动员应严格遵守当地有关驾驶高尔夫球车的注意事项。

如果运动员都按照以上的注意事项行事，会使每个人都能够更多地享受到高尔夫球运动带来的乐趣。

第二节　高尔夫球比赛规则

一、规则 1：高尔夫球比赛

（一）1-1 总则

高尔夫球比赛是依照规则，从发球区开始，使用球杆对一个球进行一次击球或数次连续击球，并将其打入球洞内的过程。

（二）1-2 对球的运动施加影响或改变自然条件

运动员不得有意采取行动影响一个使用中球的运动，亦不得有意影响一洞的比赛而改变自然条件。

例外：

（1）其他规则特别允许或特别禁止的行为将依照该规则处理，不用按照规则 1-2 执行。

（2）纯粹出于保护球场的目的而采取的行动不在违反规则 1-2 的行为之列。

违反规则 1-2 的处罚：比洞赛——该洞负，比杆赛——罚 2 杆。

在严重违反规则 1-2 的场合，委员会可以施以取消资格的处罚。

要注意以下两点：

第一，如果委员会认为运动员违反本规则的行为给他本人或另外一名运动员带来了明显的利益，或使其伙伴以外的其他运动员处于明显不利的境地，则该运动员被视为严重违反了规则 1-2。

第二，比杆赛中，除非因严重违规而被取消资格，否则因影响自己的球的运动而违反规则 1-2 的运动员必须从球被停止的地方打这个球：如果球被变向，必须从球静止后的地方打这个球。如果同组比赛者或其他局外者故意影响了球的运动，则规则 1-4 适用于该运动员。

（三）1-3 协商排除规则应用

运动员之间不得协商排除任何规则的应用或免除任何受到的处罚。

违反规则 1-3 的处罚：比洞赛——取消双方资格，比杆赛——取消所涉及的比赛者的资格。

（四）1-4 规则未涵盖的问题

如果出现任何规则中没有涵盖的有争议的问题，应按公正的原则进行裁决。

二、规则 2：比洞赛

（一）2-1 总则

比洞赛是在规定一轮中一方对抗另一方的比赛，但委员会另有规定时除外。

比洞赛中，比赛是以球洞为单位进行的。

除规则另有规定外，在一个球洞的比赛中以较少的杆数击球进洞的一方在该洞获胜；在有差点的比洞赛中，净杆数较少的一方在该洞获胜。

（二）2-2 一洞打平

如果双方以相同的击球次数完成某个球洞，则他们在这个球洞打平。

当一名高尔夫球运动员已击球进洞而他的对手尚差一次击球即可打平时，如果该运动员随后受到处罚，则双方在这个球洞打平。

（三）2-3 获胜者

当一方的领先洞数多于待打洞数时，这一方在该场比洞赛获胜。如果出现平局，委员会可以延长规定一轮的球洞数目直至决出胜负。

（四）2-4 认输一场比赛、一个球洞或认可下一次击球

在一场比赛开始之前或结束之前的任何时间，运动员均可以认输这场比赛。

在一个球洞的比赛开始之前或结束之前的任何时间，运动员均可以认输这个球洞。

当对手的球静止时，运动员可以在任何时候认可对手的下一次击球。此时对手被认为已经用下一杆击球进洞，并且双方都可以将这个球移开。

认输或认可不得被拒绝或撤销。

（五）2-5 对处理程序的疑义、争议和申诉

比洞赛中，如果运动员之间产生疑问或争议，可以提出申诉。如果在合理的时间内由委员会授权的代表无法到场，运动员必须继续比赛，不得拖延。只有适时提出申诉，并且申诉者已经在当时向对手通报了他正在提出申诉（或者他想要进行裁决）以及有关该申诉或裁决的事实基础，委员会才会考虑这个申诉。

发现产生申诉的情况后，运动员在下列时限内提出的申诉被视为“适时”：

（1）他在该场比赛的任何一名球员从下一发球区开球之前提出申诉。

（2）事情发生在该场比赛的最后一洞时，发现产生申诉的情况后，他在该场比赛的所有球员离开果岭之前提出申诉。

（3）如果该场比赛的所有球员已经离开最后一洞的果岭之后才发现产

生申诉的情况，他在该场比赛的结果被正式公布之前提出申诉。

对于该场比赛中之前某个球洞的申诉，只有它基于申诉者前所未知的事实，并且对手向其提供了错误信息的情况下委员会才会予以考虑。这样的申诉也必须适时提出。

一旦该场比赛的结果被正式公布，委员会便不再考虑任何申诉，除非委员会确信以下几点：

（1）该申诉基于正式公布比赛结果时申诉者仍然不知道的事实。

（2）对手向申诉者提供了错误信息。

（3）对手当时知道他在提供错误信息。考虑到这样的申诉没有时间限制。

还要注意以下两点：

第一，运动员可以忽略其对手的违规行为，但他们不得协商排除规则的应用（规则 1-3）。

第二，比洞赛中，如果运动员对其权利或正确处理程序产生疑问，他不得用两个球完成该洞比赛。

（六）2-6 一般性处罚

如果没有其他规定，在比洞赛中对违反某条规则的处罚为该洞负。

三、规则 3：比杆赛

（一）3-1 总则　获胜者

比杆赛是比赛者完成规定一轮或数轮中所有球洞比赛的一种比赛方式。每一轮比赛中，比赛者都要提交一张记有其各洞杆数的记分卡。比杆赛中，每一名比赛者都在同时对抗其他所有的比赛者。

以最少的击球次数完成规定一轮或数轮比赛的参赛者为获胜者。

在有差点的比赛中，以最少的净杆数完成规定一轮或数轮比赛的参赛者为获胜者。

（二）3-2 未击球进洞

如果比赛者在任何一个球洞都没有击球进洞，并且在下一个发球区击球之前（如果是该轮的最后一个球洞，则是在他离开果岭前）没有纠正错误，他将被取消资格。

（三）3-3 对处理程序的疑义

1. 比赛者的处理程序。

在比杆赛中，如果比赛者在一个球洞的比赛过程中对自己的权利或正

确的处理程序有疑问，他可以用两个球完成该洞比赛，不受处罚。

为了按照本条规则处理，他必须在有疑义的状况产生之后，并且在采取进一步行动（例如击打初始球）之前，决定打两个球。

该比赛者应当向他的记分员或同组比赛者宣布：他打算打两个球，他希望用哪一个球计算成绩（如果这个球的处理程序符合规则）。在提交自己的记分卡之前，比赛者必须向委员会报告该事实。如果没有报告，他将被取消资格。

如果该比赛者在决定打两个球之前采取了进一步的行动，则他不是按照规则 3-3 处理的，此时将用初始球计算成绩。这名比赛者不会因打了第二个球而受罚。

2. 委员会决定一洞的成绩。

比赛者按照本规则处理后，委员会将以下列方式决定他的成绩：

（1）如果采取进一步行动之前比赛者已经宣布了他希望用哪一个球计算成绩，并且假设他选用的球的处理程序符合规则，则这个球的成绩有效。如果他选用的球的处理程序不符合规则，但是另一个球的处理程序符合规则，则另一个球的成绩有效。

（2）如果采取进一步行动之前比赛者没有宣布他希望用哪一个球计算成绩，则初始球的成绩有效，但前提是初始球的处理程序符合规则。否则，如果另一个球的处理程序符合规则，则另一个球的成绩有效。

（3）如果两个球的处理程序都不符合规则，则初始球的成绩有效，除非比赛者用这个球从错误的地方打球构成严重违规。如果比赛者打其中一个球构成严重违规，则另一个球的成绩有效，即使这个球的处理程序不符合规则也仍然如此。如果比赛者打两个球都构成严重违规，他就要被取消资格。

还要注意以下三点：

第一，球的处理程序符合规则指的是援用规则 3-3 后发生以下两种情况之一：一是在现有位置打了初始球并且从这个地方打球符合规则；二是对这个球的处理程序符合规则并且用规则规定的正确的方式、在正确的地方把这个球投入使用状态。

第二，如果初始球的成绩有效，但初始球却不是正在打的球之一，则首先投入使用状态的那个球被视作初始球。

第三，援用本规则后，被判定无效的那个球的杆数，以及完全因为打这个球而产生的罚杆将不予考虑。按照规则 3-3 打的第二个球不是规则 27-2 中的暂定球。

（四）3-4 拒绝遵守规则

如果比赛者拒绝遵守对另一名比赛者的权利有影响的规则，他要被取消资格。

（五）3-5 一般性处罚

如果没有其他规定，比杆赛中对违反某条规则的处罚为罚 2 杆。

第三节 高尔夫球比赛规则的分类

一、概述

高尔夫球比赛规则一共分为四大部分：

一是发球区规则。发球区是指比赛球洞开始的区域，它是纵深为两支球杆长度、前缘与两侧以两个发球区标志外侧边缘为界限的长方形区域。当球的整体位于发球区以外时，即为发球区以外的球。运动员可以站在发球区外打位于发球区内的球。

二是球洞区通道规则。球洞区通道是指除了正在打球之洞的发球区和球洞区以及所有的障碍区以外，其他的所有区域。

三是障碍区规则。障碍区是指沙坑和水障碍区。

四是球洞区（果岭区）规则。球洞区是指在正在打球之洞专为推击而特别准备的或委员会为此限定的全部区域。当球的任何一部分接触球洞区时，即为位于球洞区上的球。

二、高尔夫球规则的主要内容

（一）术语定义

《高尔夫球规则》中专门有“定义”部分，其中有 60 多条定义的正式解释，如发球区、球洞区、通道、遗失球、待定球、异常球场状况、沙坑、临时积水、装备、水障碍区、散置障碍物、妨碍物、界外、局外者等。这些定义实际上是所有人学习高尔夫球规则的基础，只有对这些定义进行深刻的理解，才能更深入地了解和运用高尔夫规则。因此，我们有必要了解有关高尔夫球用语方面的定义。

（二）比赛规则

《高尔夫球规则》非常繁杂，不能在此一一介绍（以下将列举一些打球规则并进行相应的注解，以比杆赛为准）。

1. 发球区击球

运动员应在两个发球区标志之间（而非之前）开球。运动员可以在两个发球区标志的前端连线上向后两支球杆的范围内开球。

如果运动员从发球区以外打了球，比洞赛中不受处罚，但是对手可以立即要求运动员重新击球；比杆赛中运动员要被罚两杆，并且必须纠正错误，然后从正确的区域内击球。

2. 打球

如果认为一个球是自己的，但是无法看到自己的辨认标志，在取得记分员或对手的许可后，可以走到标定球的位置并把它拿起来辨认。应在球的现有位置打球。除了在正当采取站位或进行挥杆时外，不得通过移动、弯曲或折断任何固定物或生长物来改善球位、预期的站位或挥杆区域，或者打球线，不得通过向下按压任何物体来改善球位。

如果球在沙坑内或水障碍区内，在下杆之前，不要用手或球杆触及障碍区的地面或者水障碍区内的水，也不要移动散置障碍物。必须用正确的方式对自己的球进行击打，不允许用推、拨、挖的方式进行击球。

如果打了一个错球，比洞赛在该洞负，比杆赛中被罚两杆，并且必须用打正确的球来纠正错误。

3. 球洞区上

球洞区上可以标定自己球的位置，并将它拿起和擦拭，但一定要把它准确放置回原位。可以修理球痕和旧洞埋迹，但不能修理鞋钉印等其他损伤。

在球洞区上进行击球时，应当确保旗杆被移走或被照管。当球位于球洞区以外时，同样可以把旗杆移走或对其进行照管。

4. 静止球被移动

一般而言，当球处于使用状态，如果运动员意外导致自己的球移动，或在不允许的情况下拿起它，或在完成击球准备后它发生了移动，运动员要给自己加罚一杆并把这个球放置回原位。

如果其他人移动了球员的处于静止状态的球，或者它被另外一个球移动，则不受处罚，但要把它放置回原位。

5. 运动中的球被变向或停止

如果击出的球被自己或伙伴、球童、装备变向或停止，运动员被罚一

杆并在该球的现有位置打球。

如果击出去的球被另外一个处于静止状态的球变向或停止，不受处罚，在球的现有位置打球。但是在比杆赛中，如果在击球前运动员的球和另外一个运动员的球同时位于球洞区上，则运动员要被罚两杆。

6. 拿起球、抛球和放置球

在拿起一个需要放置回原位的球之前（比如在球洞区上拿起球进行擦拭），必须标定这个球的位置。当为了抛球或放置在另外一个位置上而将它拿起时（比如按照不可打之球的规则在两支球杆长度范围内抛球），并不一定总是要标定这个球的位置，尽管规则推荐这样做。

抛球时，身体直立，把手臂伸直，将球拿在齐肩高度，然后使这个球自然落下。

如果一个已抛之球滚到下列任何地点之一，必须重新抛这个球：从一种状态接受无处罚补救，抛球后球滚到仍然受到该状态妨碍的地点（比如不可移动妨碍物）；静止在比其初始位置、最近补救点或者最后穿越水障碍区界线的点更靠近球洞的位置。

7. 有助于或妨碍打球的球

当认为一个球可能有助于任何其他运动员打球时，如果是自己的球，运动员可以将它拿起；如果是别人的球，可以请人将它拿起。如果任何一个球妨碍了打球，运动员可以请人将它拿起。

出于有助于或妨碍打球的原因将球拿起时，除非它位于球洞区上，否则不得擦拭这个球。

8. 散置障碍物

如果散置障碍物（即散置的物体，如石头、散落的树枝）没有和自己的球位于同一个障碍区内，运动员可以移走该散置障碍物。

如果移走散置障碍物导致自己的球被移动，运动员要被罚一杆（当球位于球洞区上时除外）并且必须把这个球放置回原位。

9. 可移动妨碍物

任何地方的可移动妨碍物（人工可移动的物体，如沙耙、饮料罐等）均可以被移动，不用受罚。如果致使球发生移动，必须把这个球放置回原位，不用受罚。

如果球位于可移动妨碍物之上，可以将这个球拿起，移走该妨碍物，然后在这个球位于该妨碍物位置的正下方抛这个球（当球在球洞区上时除

外，此时要在该点放置球），不受处罚。

10. 不可移动妨碍物和异常球场状况

不可移动妨碍物是人工的、不可移动的物体，如建筑物或人工铺设的路面。要了解当地规则，确认道路和通道的属性。

异常球场状况包括临时积水、整修地，或者由掘穴动物、爬行动物或鸟类造成的坑穴、刨出的土堆或通道等。如果球没有位于水障碍区内，可以从不可移动妨碍物和异常球场状况得到无处罚的补救，前提是它们对球员的球位、站位或挥杆构成了物理性妨碍。球员可以把这个球拿起并在最近补救点一支球杆长度范围内且远离球洞的地方抛这个球。如果这个球位于球洞区上，把它放置在最近补救点上即可。最近补救点是指对由不可移动障碍物、异常球场状态或错误的球洞区造成的妨碍不受处罚的参考点。

在打球线上存在干扰性妨碍并不会为球员带来补救机会，除非球员的球和该状况都位于球洞区上

当球位于沙坑内时，作为额外的选择，球员可以在接受一杆的罚杆后，在沙坑后方针对该状况采取补救措施。

11. 水障碍区

如果运动员的球进入水障碍区内（由黄色立桩或线标示），可以在球的现有位置打球，也可以在接受一杆的罚杆后在上一次击球的地方打下一球；或在该水障碍区的后方，球洞与球最后穿越该水障碍区界线的点的连线上抛一个球，距离不限。

作为球进入侧面水障碍区的附加选择，运动员还可以在球最后穿越水障碍区界线的点上两杆长度范围内抛球；或者在该障碍区另一侧的一点（该点与球最后穿越水障碍区界线的点距离球洞的长度相等）两杆长度范围内抛球。

12. 球遗失、出界、暂定球

如果运动员的球在水障碍区外遗失或者出界，必须在接受一杆的罚杆后，在上一次击球的地点打另一个球，这就是“一杆加距离”。

运动员找球的时间为 5 分钟，如果在规定时间内未找到这个球或者无法辨认此球，该球即遗失。击球后，如果运动员认为自己的球可能在水障碍区外遗失或出界，应当打一个“暂定球”，但必须指出这是一个暂定球。

如果得知自己的初始球遗失（在水障碍区内除外）或者出界，运动员

必须在接受一杆罚杆后用这个暂定球继续比赛。如果发现初始球在界内，必须用初始球完成该洞，并且必须放弃暂定球。

13. 不可打之球

如果运动员的球在水障碍区内，不得应用不可打之球的规则。此时运动员如果要采取补救措施，就必须按照水障碍区的相关规则进行处置。在球场的其他区域如果认为自己的球不可打，可以在接受一杆的罚杆后：在上一次击球的地点打下一个球；或者在球洞与该球停点的连线后方抛一个球；再或者以该球为圆心远离球洞方向两支球杆长度范围内抛一个球。

如果运动员的球位于沙坑内，可以按照以上程序处置，但是如果在向后的连线上或两支球杆长度范围内抛球，则必须把这个球抛在沙坑内。

三、高尔夫球规则实例分析

高尔夫球规则是所有体育运动项目中相对较复杂的一种，由于是在纯自然条件下进行，球场上往往会发生许多意想不到的情况，出现各种不一样的案例。以下将按球场不同区域分别列举一些常见且具有代表性的案例，并根据规则逐一分析。

（一）发球区规则及常见案例

案例 1：在发球台上，开球顺序错误。

分析：比洞赛中，不受处罚，拥有优先权的运动员有权取消上次击球。比杆赛中，不受处罚，但若是为了已（双）方特定利益而改变了打球顺序，根据规则规定，则要取消所有相关比赛者的资格。

案例 2：在发球区外架球后，打了第一杆。

分析：罚两杆。规则规定，从发球区域内发球打了第一杆后，球才成为使用中球。因此，要从正确的发球区内重新发球并从“第三杆”开始计算，在发球区外打的杆不计算在内。

案例 3：球包中的球杆超过 14 支，而在第一洞的发球区上发了球。

分析：罚两杆。规则规定，比赛球杆不得超过 14 支。若违反此规定，比赛中一洞加罚两杆，两洞以上最高限度加罚四杆。运动员一旦发现球杆数超过规定数量，就必须宣告“超量球杆不使用”。此后一轮中如再使用该球杆，会被取消比赛资格。

案例 4：打球前，运动员向比赛同伴询问或被征求所使用的球杆。

分析：罚两杆。运动员就如何使用球杆问题征求指导时，只能向自己的球童问。向同伴比赛者征求指导或给予指导都属于违反规则，给予指导者也要被罚两杆。如果向共用的球童询问同伴比赛所使用的球杆，则不受处罚。

案例 5：运动员在发球区将球打出界外，按规则对另一球进行架球。做击球准备时，他触到球，球从球座上掉落。

分析：罚一杆。根据规则，球出界要罚一杆，但球从球座上掉落不罚杆，因在击球前，放在球架上的球不是使用中球。

案例 6：在发球之前，为了指示打球线而让自己的球童站在自己打球线球后方的延长线上。

分析：罚两杆，继续比赛。不管是在发球区发球还是在果岭上推杆，都不能为了指示方向而让自己的球童或一方的运动员站在打球线和推击线或延长上，否则要接受加罚两杆的处罚。

案例 7：运动员在发球区正要挥杆时，突然刮起大风，球从球座上滚落而停止了挥杆。

分析：不受处罚，将球放回球座，继续比赛，因为运动员没有击球，该球还未成为使用中球。

案例 8：在发球区上，感觉草皮状况不好而用球杆杆头平整地面。

分析：不受处罚。球未成为使用中球前，运动员在选择球位时发现地面有些凸起，这时可以用球杆杆头平整地面

案例 9：在发球区发球之前移动发球区标志。

分析：取消比赛资格或罚两杆。因为在发球之前，发球区标志是不可移动的固定物，如果移动，将失去比赛资格。如果在其他比赛者打球之前将发球区标志移回原位，可以减轻处罚的程度，保留比赛资格，但要接受加罚两杆的处罚。

案例 10：为了防止滑动而在球杆握把上喷了防滑剂。

分析：不受处罚，继续比赛。在雨天，为了防止球杆握把在手中滑动，可以在握把上可以喷上防滑剂，但运动员不能改变握把的形态，否则将失去比赛资格。

（二）球洞区通道规则及常见案例

案例 1：在打球过程中，球因撞击水泥路面而严重损坏，运动员更换了新球。

分析：不受处罚，继续比赛。但是，此球不能成为不适于使用之球。

案例 2：运动员没有正当的理由而拖延正在打球之洞或洞与洞之间的正常比赛时间。

分析：罚两杆，继续比赛。如果持续延误比赛，将失去比赛资格。

案例 3：击出的球越过防护网，停在了隔壁的球道上。防护网虽然不影响球员的站位和挥杆，但由于影响运动员的打球线而采取了抛球的补救措施。

分析：罚两杆，继续比赛。因为不可移动妨碍物只有在影响运动员的站位或挥杆区域时才能接受无罚杆补救的机会，如果只是影响运动员的打球线，则不能接受补救。

案例 4：有一条活的毛毛虫附着在球上。

分析：不受处罚，可以将毛毛虫去除，继续比赛。规则中规定，附着在球上的不是散置障碍物，但又规定附着在球上的虫不视为附着的物体而可以清除。

案例 5：在练习挥杆的过程中，球杆不小心碰到球，球的位置发生移动。

分析：罚一杆，将球放置回原位，继续比赛。球从发球区发出之后，无论在何地点，如果在练习挥杆过程中球杆碰到球而发生移动，运动员都要接受一杆的处罚并必须将球放置回原位。

案例 6：球员去除球附近的枯枝时，球被移动。

分析：罚一杆。去除球洞区通道上的散置障碍物时使球移动，罚一杆并将球重新放置回原来位置后打球。如果在果岭上移走散置障碍物，则不处罚。

案例 7：击出的球飞向水障碍区，庆幸的是球没有进入水障碍区。停在球洞区通道上，但是位于水障碍区内的木桥影响了自己的挥杆区域。

分析：不受处罚，继续比赛。只要球的停点在球洞区通道上，即使妨碍自己挥杆的木桥位于水障碍区以内也可以无罚杆抛球。如果球的停点在水障碍区以内，运动员不可以对不可移动妨碍物造成的妨碍进行补救。如果球停在位于水障碍区以内的木桥上，只能在现状态下打球，但球杆可以触碰桥的表面。

案例 8：抛球区的地面不平整，用脚踩踏平整后抛球。

分析：罚两杆，继续比赛，因为此行为构成了违反改善球的位置状态的规则。

案例 9：击出的球落地后陷入球道的地面内。

分析：不受处罚，继续比赛。规则规定，在球洞区通道上的短草区域，球因下落时自身的冲击力而陷入地面时，运动员可以拿起、擦拭并尽量在接近原来停点且远离球洞的地点抛球，不必受罚。

案例 10：球落在光秃的地面上，由于沾满了泥土而无法辨认是否是自己的球。在告知记分员的前提下，做好标记后将球拿起并擦拭至可以辨认的程度。

分析：不受处罚，将球重新放置回原来的位置，继续比赛。每名运动员都有辨认是否是自己球的权利，但要告知自己的记分员。如果没有告知自己的记分员而将球拿起或将球擦干净，就要接受一杆的处罚。

案例 11：运动员击出的球击中树木后碰到自己的球童。

分析：罚一杆，在球的停点打球。碰到自己的球童相当于球碰到自己的身体或自己的装备，应接受一杆的处罚，在现状态下继续比赛。但是，如果球落进穿的衣服或装备之内，则应在球停点的正下方抛球。

案例 12：运动员击出的球恰好落在正经过该处的作业车辆的车厢里，并随车辆远去。

分析：不受处罚，在球最初落上作业车辆的大概位置用新球抛球后继续赛。

案例 13：球落在树枝上，因为树比较高，用球杆无法击到球而找来一根木棒绑在球杆上并完成了击球。

分析：罚两杆，因为该行为构成了对球杆添加了外在附加物而影响了击球的规定。

案例 14：在打球过程中，球员击出的球碰到其他的球。

分析：不受处罚。静止的使用中球被其他运动中的球移动，不必受罚，将该球重新放回原处即可。而运动中的球被静止的球变向或静止，应在球的现状继续打。

（三）障碍区规则及常见案例

案例 1：运动员去除了沙坑内的树枝。

分析：罚两杆，继续比赛，因为运动员不能去除沙坑内的散置障碍物。

案例 2：准备击球时或做上挥杆过程中，杆头触到了沙面。

分析：罚两杆。在沙坑和水障碍中，打球之前球杆接触地面或水面为

违反规则行为，但如果在打球前不慎跌倒，即使手或球杆触到沙面或水面，依照公正的原则，不予处罚。

案例 3：运动员在沙坑中采取站位后，感觉选杆有些问题而中止击球并走出沙坑。该运动员返回沙坑后，平整了原来站位所留下的脚印。

分析：罚两杆，继续比赛。在沙坑中只要采取站位就认定为做好了击球准备。这种行为属于人为制造了站位的场所，同时也是测试沙坑的行为，要接受两杆的处罚。

案例 4：落入沙坑的球紧贴着沙耙静止，运动员将沙耙去除。

分析：不受处罚，继续比赛。沙耙属于妨碍物，在球场的任何地方，如果妨碍运动员打球都可以去除。在去除的过程中球发生移动，必须将球重新放置回原处而不用受处罚，拿起的球可以擦拭。

案例 5：运动员因无法确定球杆而拿着两支球杆走进沙坑，确定后，将另一只不使用的球杆放在了沙坑内并不有助于击球或不妨碍击球的地方。

分析：不受处罚，继续比赛。运动员可以将球杆、沙耙等物品放在沙坑内，但若放在有助于或妨碍击球的地方，则要接受两杆的处罚。

案例 6：球落入沙坑中，理所当然地认为该球是自己的球而进行了击打，但击球后发现该球不是自己的球。

分析：罚两杆，找寻自己的球后继续比赛，但打错球的杆数不计入成绩。

案例 7：击出的球落入水障碍区中，运动员没有抛球而是架在球座上完成了下一杆击球。

分析：罚两杆，继续比赛。落入水障碍区内的球仍属于使用中球。

案例 8：球落入水流湍急的小溪中，球在水流的作用下不断运动。

分析：不受处罚，继续比赛。规则规定，运动员不能击打运动中的球，但当球在水障碍区内的水中运动时，运动员可以进行击球而不受处罚。但不能为等待风或水流改善球的位置而延误击球。

案例 9：击出的球落入水障碍区中，运动员在水障碍区内上杆的过程中，球杆碰到了正在生长着的长草。

分析：不受处罚，继续比赛。在障碍区中，球杆不能触碰位于障碍区内的地面和水面，但是在上杆过程中碰到长草等生长物时，不必受罚。

案例10：在水障碍区内，运动员为了击打水面以下的球而采取站姿后，球杆触碰了水障碍区内的水面。

分析：罚两杆，继续比赛。在水障碍区内，运动员只要采取站位就认定为已经做好击球准备。如果运动员做好击球准备后，球杆碰到水障碍区内的水就要接受两杆的处罚。

（四）球洞区规则及常见案例

案例1：在果岭上，运动员未做标记将球拿起。

分析：罚一杆。在拿起必须重新放置回原位的球时，必须做标记。

案例2：在果岭上打球，碰到停在果岭上的同伴比赛者的球。

分析：罚两杆。在果岭上打的球与从果岭外打的球不同，打球的一方受处罚后在球的停止位置打球，被碰到的球要重新放置回原来位置。

案例3：散落在球洞区表面的沙子影响了自己的推击线而将其去除。

分析：不受处罚。在球洞区上，沙子属于散置障碍物，可以将其取除。

案例4：推球时，运动员的球童站在推击线的延长线上。

分析：罚两杆。球童为运动员推球时的方向标志，有助于运动员推球。

案例5：在球洞区上拿起球后，原球与兜中的另一个球发生了调换并完成击球。

分析：罚两杆。在现状态下继续比赛，若击球之前发现并及时纠正，就不必受罚。

案例6：在推杆时，球童帮助运动员举着雨伞。

分析：罚两杆。运动员在击球过程中不能接受任何物理协助。

案例7：运动员用球杆杆身以台球的击球方式击球入洞。

分析：罚两杆，继续比赛。规则规定，运动员只能用球杆杆头正确地击打球，不能采用推、拨或挖的方式；否则将违反规则，要接受两杆的处罚。

案例8：在球洞区上，应同伴比赛者的要求移动了自己的球位标记，但是在自己推球时忘记挪动球位标记的事实而在现有位置完成了推杆。

分析：罚两杆，在现状态下继续比赛。该运动员属于在错误的地方打球，但如果在击球前发现自己的错误并及时更正就不必受罚。

总之，要订立一套囊括所有可能情况的规则是不可能的，因此在比赛

中，难免会遇到规则中没有规定却存在争议的情况，那么在比赛中也将按照公正的原则予以裁决。但是作为高尔夫球运动员，必须很好地了解以上相应的规则，这样才能在高尔夫球比赛中避免违反规则。

高尔夫球挥杆技术与原理

第一节　高尔夫球飞行原理

在打过一段时间的高尔夫球后，我们都经历过这样的疑惑：明明打球姿势没错，可为什么总会遇到击出去的球偏离既定目标的现象呢？原因就在于高尔夫球在不同运动阶段的受力情况不一样，充分了解了高尔夫球运动的力学原理，有助于我们获得更加精准的挥杆。

一、击球瞬间高尔夫球的受力分析

（一）人与球杆之间的作用

在挥杆击球时，人们必须通过挥动球杆，将手臂和身体其他部位的肌肉力量传递到杆头，并最终作用到高尔夫球上。

末端环节手在击球时对球杆产生作用力，同时球杆对人体也产生了反方向的离心力，正是离心力牵引了运动员顺势的收杆动作，此外，手臂与球杆之间也存在摩擦力，这些都是人与球杆之间产生的受力关系。因此，处理好人体与球杆之间力的协调性，发挥好人体对球杆的作用力，会直接影响到击打力的大小和方向。

（二）杆头与球之间的作用

击球时，杆面与球的接触只有半毫秒，但它们之间作用力的大小和方向直接决定了球飞出的方向和距离，因此，想追求完美的挥杆，就必须掌握击球瞬间球与球杆之间作用力的形式。

1. 弹力

杆头和球的接触瞬间由于互相挤压，会在二者之间产生弹性形变，弹性势能储存在球中，当球开始恢复原状时，就会产生弹力。弹力的方向与物体形变方向相反，因为球的重量比杆头轻，所以球获得的额外速度大于杆头失去的速度，高尔夫球自然就飞了出去。

2. 摩擦力

球杆和球接触时还会产生阻碍相对运动的摩擦力。有两种因素会影响摩擦力：一是接触面间的压力大小；二是接触面的粗糙程度。不同的球杆和球的设计会直接影响这种摩擦力，进而影响球的后旋速度和球的飞行轨迹。

二、高尔夫球在飞行中受力分析

高尔夫球在空中飞行时除了受重力作用外，还要受到空气动力的作用，这里可以分为三部分：一是阻力，作用在与球飞行相反的方向；二是升力，向上作用（在垂直平面），和球的运动方向成直角；三是偏转力或称侧向力，作用在与其他两个力都成直角的方向上。偏转力在直击高尔夫球的情况下不存在，当我们确定球在飞行运动中升力和阻力的正确作用方式时，可以忽略它的作用。

（一）阻力对高尔夫球飞行的影响

当空气经过一个静止的球体时，在球体前部的空气流速会减慢，而在气流分开处的空气附近，球体侧面气流会相对加速。根据玛格努斯效应可知，当任何流体流动得更快时，将产生更小的压力。这时在球后面会形成一个不规则的涡流区，球体侧面周围区域为低压区，球体前面静止的空气所在的区域为高压区。当空气流过球体两侧低压区时，球体后面的尾波就形成了涡流区而成为流动的阻力。

在前面慢速流动的高压区和后面流动的涡流区的压力差是阻力的主要来源，而在空气和球体表面之间产生的一些直接摩擦对总阻力的贡献很小，甚至可以忽略掉。这也是“麻脸”高尔夫球能提高飞行距离的原因——虽然提高了小幅度摩擦力，却减小了涡流区面积，进而大幅度减小了压差阻力。

（二）升力对高尔夫球飞行的影响

当空气流过球体时，球体做下旋，球体表面的旋转拖动在其周围的一些空气，这种效应将使气流在球体顶部流动得更快，降低这里的压力，同时气流流过球体底部时将因受阻而减速，比不旋转球体的相同位置的压力要大，这样产生的自下而上的作用力我们称为升力。

升力在任何时刻总是作用在与飞行方向成直角的方向上。在击球过程中，球旋转产生升力，升力在球的飞行路线中给球一点“空中滑翔”，使球在空中保持足够长的时间，而不必用击球获得的许多初始能量来爬高。

因此，在飞行过程中作用在高尔夫球上的阻力取决于球的飞行速度；升力和偏转力取决于高尔夫球的旋转，升力取决于后旋，偏转力取决于侧旋。这三个空气动力随着高尔夫球在飞行中速度减慢而一起变小，球本身的重力因为在垂直平面向下作用而始终不变。

三、高尔夫球落地后受力分析

高尔夫球落地经过几次弹跳后，会进入到在地面的滑动和滚动阶段，这时摩擦力开始发生作用，该原理更适合我们的推杆技术。推击球起初高尔夫球根本不滚动，只是滑动，球体表面和草之间的滑动摩擦力会让球慢慢减速，由于摩擦力作用在球的边缘，所以球开始旋转。

由于摩擦力不断增加旋转速度并减小前进速度，当到达一定时间点，球将以适宜的速度滚动，而没有滑动，球在滚动时受到的摩擦力小，球所受到的摩擦力大小受到草的粗糙程度影响。

四、九种球路的打法

高尔夫球的飞行路线（不包括飞行弧度）是由挥杆杆头运行路径（相对于目标线而言）和击球瞬间杆面的状态共同决定的。挥杆杆头运行路径是由身体的转动和手臂的挥动来控制的，击球瞬间的杆面状态则是由前臂的屈腕伸腕肌群控制的。因此，我们可以打出三类九种球路。

（一）由内向内（in-side-in）的杆头运行路径类

当挥杆路线与目标线一致时，杆头也保持这种运行轨迹，击球瞬间杆面的不同状态能产生三种球路：直球、左曲球、右曲球（见图 3-1 和图 3-2）。

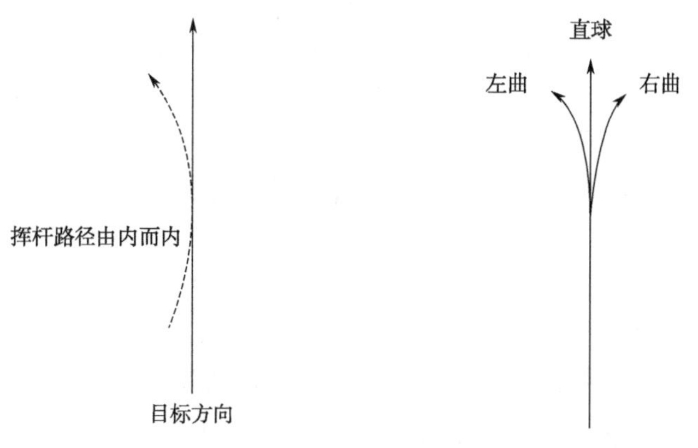

图 3-1　挥杆路径　　**图 3-2　三种球的飞行路线**

相对此时的挥杆路径：

(1) 杆面状态正对目标，方正击球，球将按直飞路线接近目标，称之为直球（stright)。

(2) 杆面成朝左的关闭（close）状态，球将沿着直线飞行一段距离后，再 弯曲飞向左边，称之为左曲球（draw)。

(3) 杆面成朝右的开放（open）状态，球将沿着直线飞行一段距离，之后再弯曲飞向右边，称之为右曲球（fade)。

（二）由外而内（out-side-in）的杆头运行路径类

当挥杆路线沿着目标线由外而内时，杆头同样保持这种运行轨迹，击球瞬间杆面的不同状态会产生三种不同的球路：左拉直球、左拉左曲球、左拉右曲球（见图 3-3 和图 3-4)。

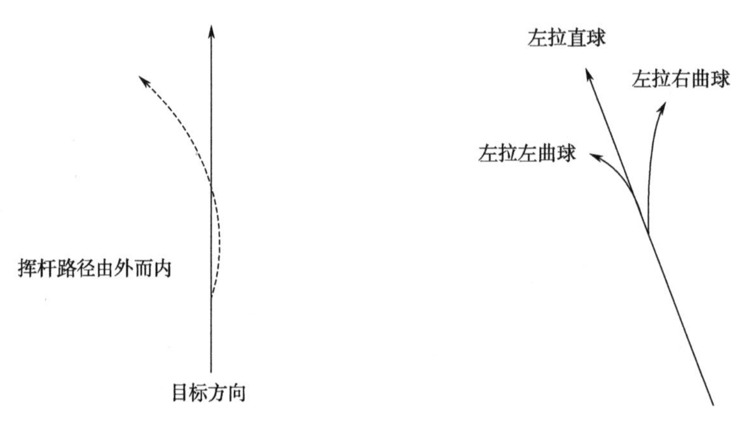

图 3-3　挥杆路径　　**图 3-4　三种球的飞行路线**

相对此时的挥杆路径：

(1) 击球瞬间杆面处于方正状态，球将直接飞向目标左侧，称之为左拉直球（pull)。

(2) 击球瞬间杆面成朝左的关闭（close）状态，球将先直接飞向目标左侧，再向左弯曲飞行，称之为左拉左曲球（pulled hook)。

(3) 击球瞬间杆面成朝右的开放（open）状态，球将先直接飞向目标左侧，再向右弯曲飞行，称之为左拉右曲球（pulled slice)。

（三）由内而外（in -side- out）的杆头运行路径类

当挥杆路线沿着目标线由内而外时，杆头也按这种轨迹运行，击球瞬间杆面的不同状态也产生三种球路：右推直球、右推左曲球、右推右曲球

(见图 3-5)。

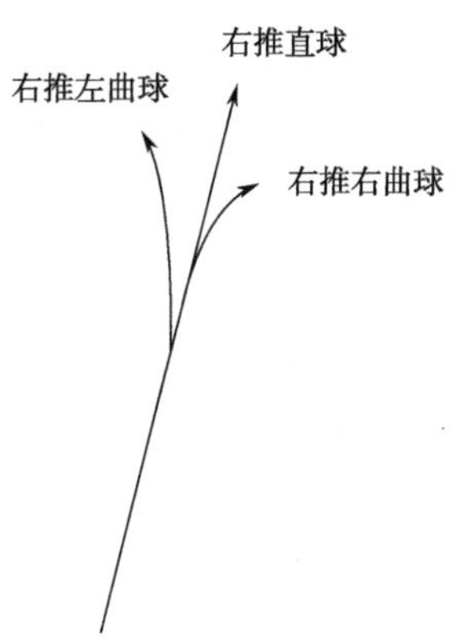

图 3-5　三种球的飞行路线

相对此时的挥杆路径：

(1) 击球瞬间杆面方正，球将直接飞向目标右侧，称之为右推直球(push)。

(2) 击球瞬间杆面关闭 (close)，球将先直接飞向目标右侧，再向左弯曲飞行，称之为右推左曲球 (pushed hook)。

(3) 击球瞬间杆面开放 (open)，球将先直接飞向目标右侧，再向右弯曲飞行，称之为右推右曲球。

第二节　获得适宜的挥杆前准备

高尔夫球挥杆看似简单，实际上在挥杆之前就存在许多需要我们注意的准备环节，包括握杆、站姿、站位、球与身体的距离、球位、瞄准等。使用不同的球杆、身体结构的差异等都决定了准备环节上需要有所不同。

一、握杆

高尔夫球杆的握杆方法是高尔夫球基本动作中最基本的环节，握杆方法对于挥杆节奏、杆头速度、球杆的控制以及挥杆的整个过程都会产生至关重要的影响。

握杆的方法决定了挥杆的形态，如果发现挥杆的动作不正确，首先要

检查的就是握杆的方法是否正确，正确的握杆方法是击球距离与方向的保障。

双手是唯一和球杆连接的部位，每个人依据手的大小、力量的强弱，选择适合自己的握杆方法。养成良好的握杆习惯是取得好成绩的开始。

（一）正确握杆的原则

1. 握杆力度适当

美国著名高尔夫球运动员桑姆·史立德对“力度适当”的描述是：就像双手握住一只小鸟，不能让它飞走也不能捏死它的力度就是正好。如果将握杆的力度分为0~10，那么3~5的力度就是比较理想的握杆力度。握杆太紧会导致手臂肌肉紧张，握杆太松手臂将无法用力，这些都会使挥杆和击球的动作变形，影响技术动作的质量。

2. 舒适的一体感

双手握好球杆后十指要有连成一体而又舒适的感觉，这种感觉对于控制球杆十分重要。

3. 握杆强弱适度

弱势握杆击球，杆面仰角加大，呈开放状态，使球的飞行路线发生右曲。强势握杆击球，杆面仰角减小，甚至会使杆面关闭，使球的飞行路线发生左曲。握杆太过强势或太过弱势都会使球的飞行路线脱离预期路线，是影响高尔夫球运动成绩的主要因素之一。

正确而优雅的握杆就是自然握杆，瞄球时的握杆与击球时的握杆要求是一样的。这里要着重强调的是：要掌握正确的握杆姿态，需要通过大量的练习来实践，经常下场打球并且频繁地在练习场练球是必不可少的。正确握杆的三个原则要在多次练习中反复体会方能得心应手、运用自如。

握杆不要太用力，要放松。握得过松，将无法用力；握得过紧，将使手腕肌肉僵硬，动作变形。

（二）正确握杆的三种方法

1. 互锁式握杆

互锁式握杆是将位于握把上方的左手食指插入下方右手的无名指和小指之间，然后与小指绞索在一起（见图3-6）。互锁式握法中要注意的是左手食指与右手小指互锁得不要太深，否则双手的角度就会发生变化，导致无法自如地控制球杆。一般这种握法适合手指较短的人。

若想有比较好的击球感觉，可以采用互锁式握法。在对距离和方向要

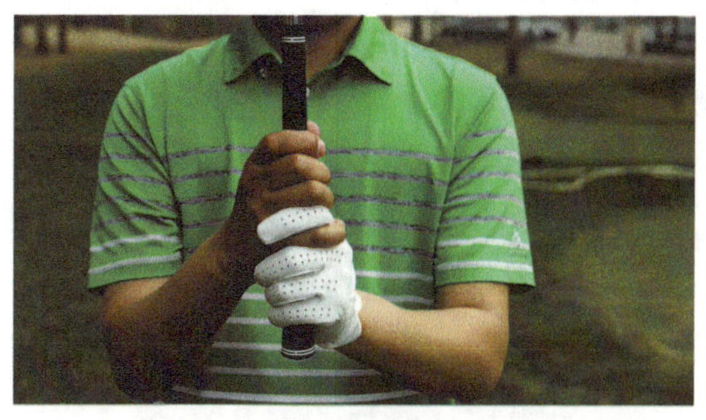

图 3-6　互锁式握杆

求较高的时候（比如在球洞区边缘做短切时），击球感觉（距离感和方向感）是极为重要的。

2. 十指式握杆

十指式握杆，或称棒球式握杆，是一种较为古老的握法，目前较少见到采用这种握法的选手。具体方法是十指自然地握住握把（见图 3-7）。对于手腕及手臂力量不足的人，十指握杆能有效地增加挥杆稳定性。该握法的缺点是不利于双手连成一体集中用力，因手腕紧张而不利于释放杆头速度。这种握法尤其适合缺乏力量的球员，如女球员、少年或力量较弱的男士采用。

图 3-7　十指式握杆或称棒球式握杆

如果想打出落地滚动球，采用这种握法是很好的选择，可以利用杆头的趾部增加球的左旋进，进增加球的滚动距离。

3. 瓦顿重叠式握杆

瓦顿重叠式，又称重叠式，握杆是将位于下方的右手小指搭在位于上方的左手食指与中指之间的指沟上或者直接搭放在左手食指上面的握法（见图 3-8）。这种握法适合手掌比较大的人。

图 3-8　瓦顿重叠式（或称重叠式）握杆

这是最经典的握法，也是目前最广泛应用的握法。这种握法可以使得双手和双臂成为一体，平衡协调发力和用力的感觉，有利于控制球杆和控制球的飞行路线。打球时绝大部分挥杆都采用这种握法，因为这种握法具有比较好的稳定性。

（三）握杆的三种态势

本书所讲的握杆态势是针对右手选手以左手握杆的姿势和位置而定义的，想要打出不同的球路，可以采用不同的握杆态势。

1. 标准握杆

双手平行握杆，左手手背方向与目标线平行，从上往下可以看见左手的食指和中指两个指关节，左手拇指在握把的中间，这就是标准握杆，也是方正击球的握法。标准握杆和平行站位是挥杆动作的原则（见图 3-9）。

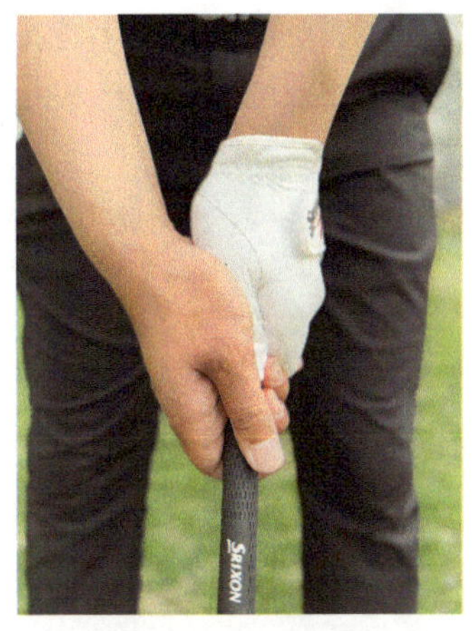

图 3-9　标准握杆

2. 强势握杆

这种握法打出左曲球，也是目前较为常见的握法。与标准握杆相比，这种握法左手位置偏右握，从上往下可以看见左手食指、中指、无名指三个指关节。强势握杆击球比较强劲有力，杆面仰角减小，呈关闭状态，使球的飞行路线发生左曲（见图 3-10）。

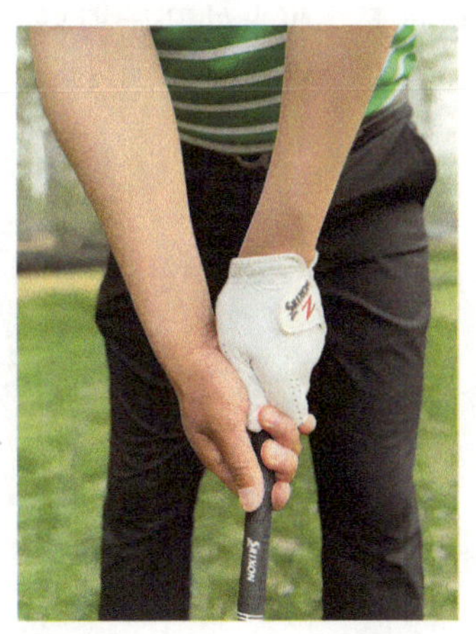

图 3-10　强势握杆

3. 弱势握杆

这种握法打出右曲球。使用这种握法左手位置偏向握把下方，同标准握杆

相比，左手位置偏左握，从上往下可以看见左手食指一个指关节。弱势握杆击球，杆面仰角加大呈开放状态，使球的飞行路线发生右曲（见图 3–11）。

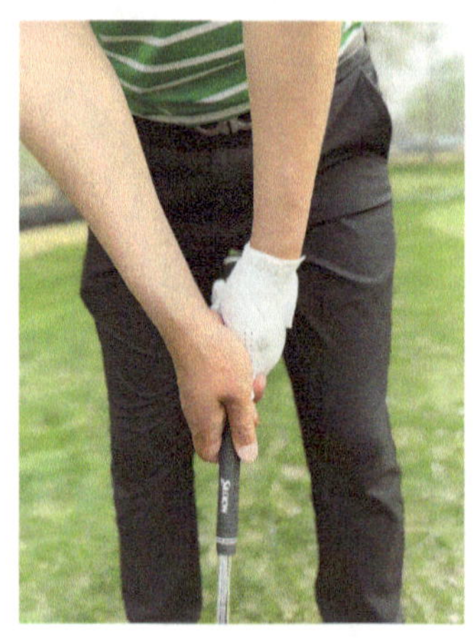

图 3–11　弱势握杆

无论使用哪一种握杆方式，都要尽量减小两手之间的缝隙，使其成为一个整体。

（四）握杆的一般步骤（以右手球手为例）

（1）从握把最上端起向下 2 厘米处开始握杆，将球杆斜过左手掌，范围是从食指第二关节至小指根部下方（见图 3–12 和图 3–13）。

图 3–12　握杆一般步骤（一）

图 3–13　握杆一般步骤（二）

（2）左手拇指对准球杆商标置于接近杆身的握把端，手掌根部的肉垫顶住握把底端，其余手指依次握紧，自然握住球杆，中指、无名指指尖触及大鱼际，食指第二指节钩住球杆，拇指正对杆面并比食指突出一个关节（见图 3–14）。

图 3–14

（3）右手掌心与左手掌心相对（见图 3–15），用手指握杆，右手拇指完全包裹住左手拇指，指尖稍偏左指向杆面（见图 3–16）。

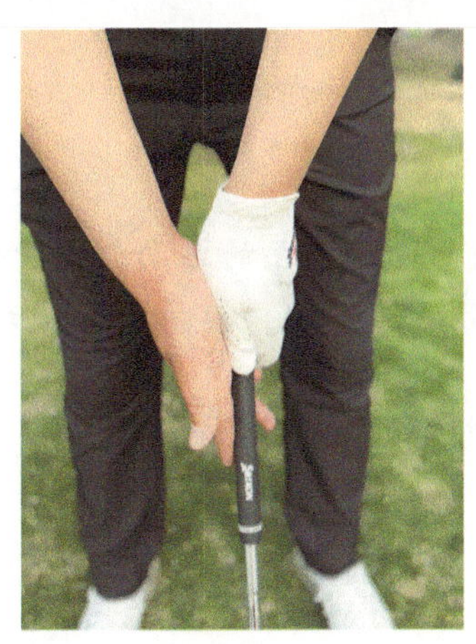

图 3–15

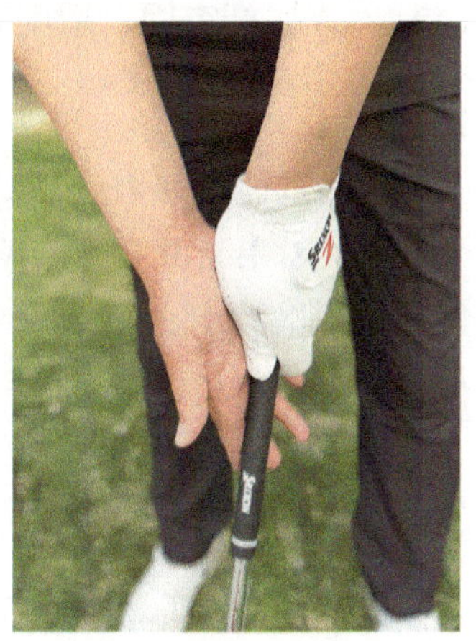

图 3–16

（4）食指、中指、无名指均以第二指握住杆把，右手食指要有扣扳机的感觉（见图 3-17）。

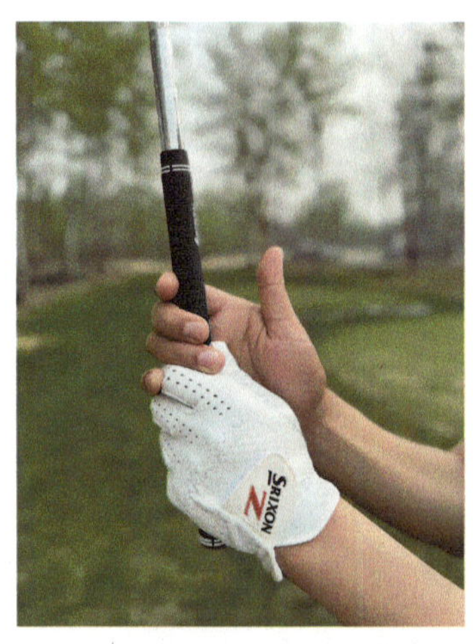

图 3-17

（五）握杆注意事项

（1）握杆时双手与球杆间应紧密无缝隙且握杆牢固。

（2）无论采用任何方式握杆，双手都应紧密结合且有整体感。

（3）左手的拇指和食指要形成 V 字形。

（4）养成握杆牢固、适度有力的习惯。

小知识

如何知道哪种握杆方式适合你自己呢？

直立，双肩自然下垂，观察双手掌面方向：掌面的方向朝向身体一侧采用标准握杆；朝向身体后侧，采用强势握杆；朝向身体前方，采用弱势握杆。

二、站姿

正确站姿的作用是在挥杆的过程中为身体取得良好的平衡，由下肢提供稳定支撑，带动躯干平稳转动，使身体各部位协调用力，让释放出来的力量流畅自如。正确的站姿要注意以下几点：

（1）双膝微屈，自髋部以上上体稍前倾，背部自然挺直，收腹提

臂。膝盖投影点在脚掌上稍偏前，肩膀投影点在脚尖的正上方或前面（见图 3-18）。

图 3-18

（2）双臂双肩自然放松，双臂自然下垂并伸直，上臂夹住上体。双手按自己适合的方式握杆，双肘指向臀部两侧，双肩双臂保持三角形（见图 3-19）。

图 3-19

(3) 左肩稍高于右肩，头部稍偏向右侧，使左耳或左眼对准球（见图 3-20）。

图 3-20

双脚站好位置时，左脚的角度决定击球的质量。双脚分开的宽度根据球杆种类的不同而略有不同。

三、站位

站位是指在挥杆前，身体各部位为了击球而做的准备姿态。

选手找准站姿，杆头着地，就可以认定已经站位。但是在障碍区内，因为站位时球杆不许碰到障碍区内的任何物体，所以只要找准站姿，就可以认定为已经站位。在果岭推球时，选手将先推杆放在球的前方，然后再挪回球的后方推球。这时，以选手将推杆放在球的前方时认定为已经站位。

可以说，站位是选手思考然后击球的最后机会。

（一）双脚的位置

1. 双脚宽度因杆而异

适当的双脚宽度有利于身体的转动及稳定性，更有助于力量的发挥。

2. 脚尖方向因人而异

左脚尖向外打开 20°~30°，右脚尖与目标线垂直或微开。如果你的柔韧性较好，左脚尖打开角度应稍小，以便获得更好的支撑；如果你能很好地控制球杆，你的右脚尖可以打开角度大些，以便获得更大的上杆幅度。

（二）站位的种类

不同的站位，挥杆路径也不同，按照双脚连线与目标线所呈的夹角，站位可以分为平行式站位、开放式站位和关闭式站位。

1. 平行式站位

双脚连线与目标线平行（见图 3-21）。挥杆的路径为由内而内，能够打出直行球，这种站位最适合初学者。

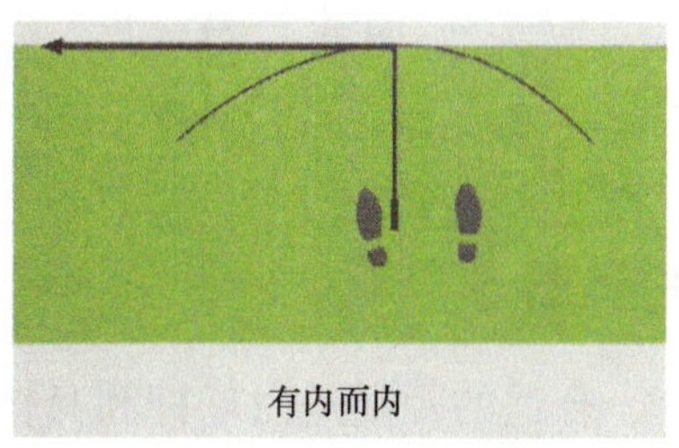

图 3-21　平行式站位

2. 开放式站位

右脚在前，左脚略微在后（见图 3-22）。挥杆的路径为由外而内，杆面呈开放状态，击球距离缩短，容易打出右曲球。这种站位的优点是方向性好，多在不追求距离而强调方向的中短距离击球时采用。较其他站位而言，开放式站位身体转动和送杆相对容易，初学者应多采用这种站位开始练习。

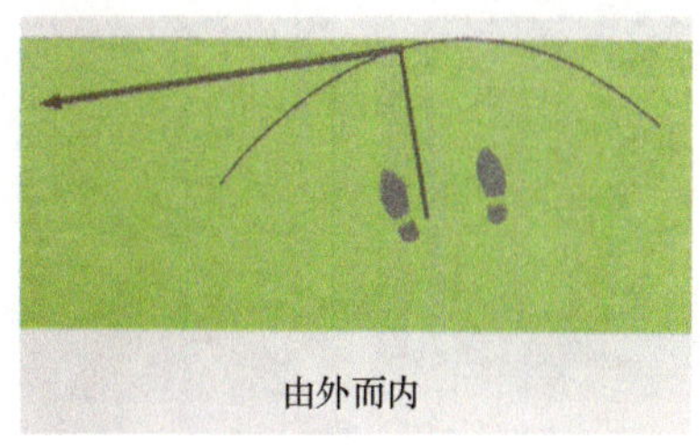

图 3-22　开放式站位

3. 关闭式站位

左脚在前，右脚略微在后（见图 3-23）。挥杆的路径为由内而外，杆面呈关闭状态，击球距离因弹道较低而随滚动距离增加而增加，容易打出左曲球。这种站位不利于身体转动和送杆。

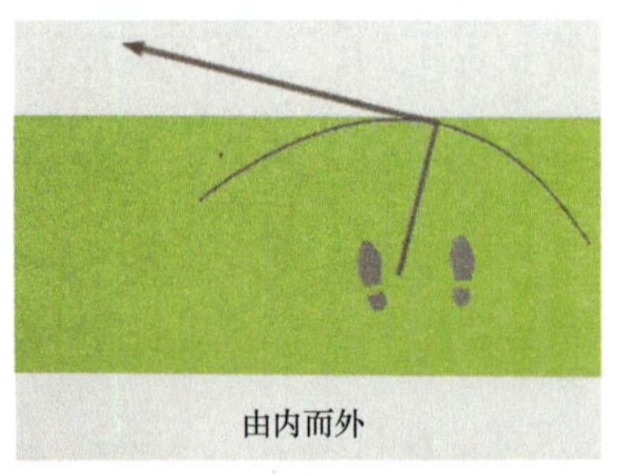

图 3-23　关闭式站位

四、球与身体的距离

球与身体保持稳定、合适的距离是由球杆和身体的距离决定的。要确定身体与球杆的距离是否合适，可以在做好击球准备动作后，右手放开握把，握拳测试杆尾与大腿间的空隙。要注意的是，杆尾始终指向自己腹部中央的位置（见图 3-24）。

图 3-24　握把与身体的距离

若球杆与身体的距离过窄，则挥杆动作不能舒展自如；过宽，则给人以手臂与身体分离的感觉，同时转体产生的挥杆加速度在击球的瞬间也不能充分地传递到杆头。

五、球位

球位是指根据球杆的不同，将球放置于双脚之间的不同位置。球位的选择直接影响挥杆路径和挥杆平面。球位的选择与球员的握杆方式、个体特征（高、矮、胖、瘦）及挥杆类型等有关，是击球准备中与握杆具有同等意义的重要环节。

准确击球的前提之一是球位正确，在挥杆过程中，杆头的运行轨迹是一个圆形轨迹，此时左臂应完全舒展且与球杆成一条直线，通过身体旋转并利用球杆画出弧线，球杆的杆头与球的交点应该是这个圆弧的最低点。球位的选择决定了球杆杆头能否在杆面方正时经过圆弧的最低点并准确击球。

小知识

是否对准目标的确认方法有：

第一，双脚脚尖连线、双肩连线及双膝是否与目标线平行。

第二，臀部不能倾斜。

第三，双眼连线也要与目标线平行。

第四，核对球位前方、目标线上约1米处的目标替代点。

球位与握杆方式的关系是：强势握法，球位比标准握法偏右；弱势握法，球位比标准握法偏左。采用强势握法时，如果球位与标准握法的球位相同或偏左，打出的是左曲球；相反，采用弱势握时，如果球位与标准握法的球位相同或偏右，打出的是右曲球。

球位与个体特征的关系是：体型偏高瘦的人，选择的球位比正常球位偏左；体型偏矮胖的人，选择的球位比正常球位偏右。

球位与挥杆路径的关系是：球位不同，挥杆路径也要发生改变。改变右曲球的方法是将球位向右调整；同样，如果左曲球严重，将球向左调整可以减少左曲球的发生，以提高击球的准确性。

球位有两个层面的内容：相对站位的前后和相对身体的远近。以身体中心线为基准，左为前，右为后。身体形态和选杆决定远近。

六、瞄准

距离和方向是决定高尔夫比赛成绩的两大重要因素，其中方向尤为重要。下面我们主要介绍目标线、杆面瞄准和身体对准。

（一）目标线

首先在确定的目标（如旗杆）上方寻找一个比较大的参照物，可以是树木或山峰等，然后在参照物与球位之间找一个目标的替代点，如打球留下的草痕或是一片落叶，一般是在球位前方约 1 米处。参照物、目标替代点和球位之间三点连线，这条连线就是目标线（见图 3-25）。

（二）杆面瞄准

双眼沿着目标线看出，感觉杆面在球的正后方，杆面的线槽与目标线垂直（见图 3-26）。这个过程的关键点是先杆面瞄准而后再站位。

图 3-25　目标线

图 3-26　杆面瞄准

（三）身体对准

杆面瞄准之后进行身体对准。身体对准的过程是将身体保持方正，双肩、双髋、双膝、双脚的连线与目标线平行（见图 3-27）。

打直飞球时，可以把瞄准线想象成铁轨。铁轨的外侧是杆面和球的位

图 3-27 身体对准

置，身体的部位处在铁轨的内侧。身体对准的是与目标平行的点位。

小知识

杆面对准的步骤如下：

第一步：右手握杆，站在目标线的延长线上，眼睛朝目标上下瞄准，在前方约 30 厘米处沿目标线找出一个目标替代点。

第二步：把球杆置于球的后面，边瞄准边做调整，直到认为杆面对准了目标替代点为止。

七、准备过程中不同球杆的差异

在高尔夫球比赛中，每名球员被允许带 14 支不同的球杆，球员需要利用它们打出完全不同效果的球。那么，怎样才能打出不同效果的球呢？除了挥杆技术以外，也需要应用不同的球杆以击出不同的效果。本书仅以一号木杆、长铁杆、中铁杆和短铁杆为例进行阐述。

（一）站位的宽度差异

使用不同的球杆，双脚的宽度不同。使用 1 号木杆，双脚内侧的宽度同肩宽，双脚分开的宽度随着球杆杆号的增加而变窄。

（二）站位身体重心分布差异

（1）使用一号木杆和长铁杆时，重心 60%在右脚上（见图 3-28）。

（2）使用中铁杆时，重心在两脚中间（见图 3-29）。

图 3-28

图 3-29

（3）使用短铁杆时，重心 60%在左脚上（见图 3-30）。

图 3-30

（三）球与身体距离的差异

如果能通过 1~2 个拳宽，表示球杆与身体的距离合适。球杆越短，杆尾离身体的距离就越近。除了短切杆和推杆，1 号木杆两个拳宽、铁杆一个拳宽的距离较为合适。

（四）球位放置差异

（1）打 1 号木杆，将球置于左脚跟内侧，双手在杆面的后方（见图 3-31）。

图 3-31

（2）打球道木杆（见图 3-32）和长铁杆（见图 3-33），将球置于两脚中间稍靠左，双手大约与球齐或稍在杆面后。

图 3-32

图 3-33

（3）打中铁杆，将球置于两脚中间，双手大约与球齐（见图 3-34）。

（4）打短铁杆，将球置于两脚中间稍靠右，双手大约与球齐或稍在杆面前（见图 3-35）。

图 3-34

图 3-35

第三节　建立持久的挥杆动作

挥杆是指挥动高尔夫球杆，击打静止于地面的高尔夫球的过程。挥杆是为了让球向目标移动，良好的挥杆动作是使球获得正确飞行方向和理想飞行距离的保证。挥杆的使用区域是发球区和球道区。

挥杆使用两种杆型：木杆和铁杆。木杆的用途是要将球击打到尽可能远的距离，适合在发球台和长距离击球时使用；铁杆追求的是准确性，早期铁杆是为解决疑难球位而设计的杆型，随着高尔夫球运动的发展，铁杆逐渐演变成在追求准确度时特别是在攻击球洞区时所必备的杆型。

通常木杆组有 5 支——1 号、3 号、4 号、5 号和 7 号，习惯上称为 1 号木、3 号木等。铁杆组由 1 至 9 号的铁杆和劈起杆、A 杆、沙坑杆、高吊杆组成，其中 1 号至 4 号四只铁杆又称长铁杆，5 号至 7 号三只铁杆又称中铁杆，8 号至 9 号两只铁杆又称短铁杆。铁杆习惯上也称为 7 号铁、9 号铁等。进入 21 世纪以来，一种既有球道木杆性能又有铁杆性能的球杆颇受各级各类高尔夫球员的青睐，它就是铁木混合杆。

挥杆是一组连续动作，可以分解为引杆、上杆、下杆、冲击球、送杆、收杆，见图 3-36。

图 3-36　挥杆分解描述

挥杆时身体带动双臂及球杆运动，在杆头通过球位的瞬间，杆头的速度达到最大，实现对球的有力冲击。击球蕴涵在挥杆过程中，是这组连续动作中的一个环节，整个挥杆过程的终极目的就是对球进行有力冲击，将球送向目标。

在这一节，我们将介绍影响挥杆过程的六个要素和挥杆过程。

一、挥杆过程的六个要素

（一）挥杆平面

挥杆平面（见图 3-37）是在挥杆过程中杆身运动所形成的假想平面，用以描述球杆挥动的路径和角度。从挥杆启动到结束，球杆围绕球手转动所画出的弧线和路径形成了挥杆动作的平面。

图 3-37　挥杆平面

挥杆平面的陡峭或扁平，是相对于挥杆平面与地面的夹角而言的。球手的身高、站姿，杆身的长度和仰角不同，挥杆平面也不同，即挥杆平面因人、因杆而异。个高的人，挥杆平面比较陡峭；个矮的人，挥杆平面相对扁平。杆身越长，挥杆平面越扁平；杆身越短，挥杆平面越陡峭。

较为扁平的挥杆平面，倾向于从目标线内侧击球，打出的是左曲球；较为陡峭的挥杆平面，倾向于沿目标线击球，击出的是直飞球，但有时也

会导致从目标线外侧击球，打出的是右曲球。

对于挥杆平面是否良好的判断是：上杆顶点时，若左前臂处于右耳和左肩中间，挥杆平面较好；在收杆阶段，若右前臂处于左耳和右肩中间，那么整个挥杆就较好地保持在挥杆平面之中。

（二）杆面状态

击球时可能存在三种杆面状态，在击球瞬间，杆面状态决定了球的飞行路线。

1. 杆面方正

杆面方正是指垂直于挥杆平面的杆面状态，在此状态下球的飞行路线与目标线平行。

2. 杆面开放

杆面开放是指对着挥杆平面右侧的杆面状态，在此状态下下杆轨迹从外至内。如果杆面与目标线保持方正或者略微开放，球除了获得向前方飞行的受力以外，同时也获得了右侧旋的力量，球会先飞向左侧，最后会因为右侧旋而飞往右侧。如果杆面开放得比较厉害，那么球飞行到最后会因为右侧旋而偏向右侧的角度更大，成为右曲球。

3. 杆面关闭

杆面关闭是指对着挥杆平面左侧的杆面状态，在此状态下下杆轨迹从内至外。如果杆面与目标线保持方正或者略微关闭，球除了获得向前方飞行的受力以外，同时也获得了左侧旋的力量，球会先飞向右侧，最后会因为左侧旋而飞往左侧。如果杆面关闭得比较厉害，那么球飞行到最后会因为左侧旋而偏向左侧的角度更大，成为左曲球。

（三）方正击球

在击球瞬间杆面垂直于挥杆平面，用杆头正中点即甜蜜点（sweet-point）将球击中称为方正击球（见图 3-38 和图 3-39）。方正击球是使球获得正确飞行方向和尽可能理想飞行距离的关键环节，击球点（point）的偏差越大，方向和距离偏差就越大。

击球时杆面是否方正，主要由以下四个因素决定：

1. 握杆强弱

强势握杆击球时杆面关闭，弱势握杆击球时杆面开放，只有正确的中性握杆才能在击球时保持杆面方正。

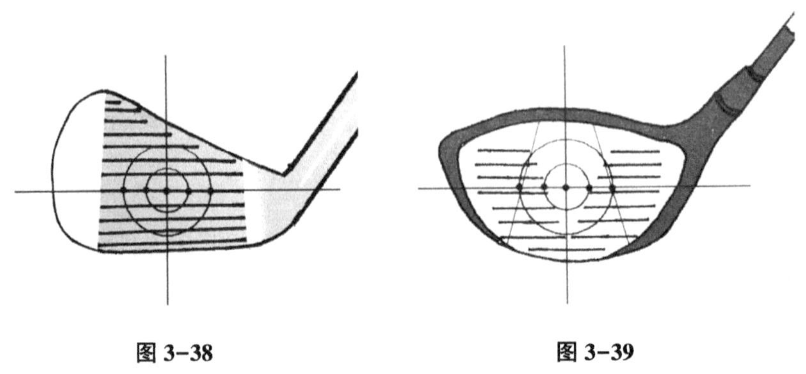

图 3-38　　　　图 3-39

2. 球位

以 1 号木杆开球为例：正确的击球动作是左臂与球杆在一条直线上，从正面看与地面垂直，也就是说左肩、手、杆头要三点成一线。如果球位过左，击球时手会落后，导致杆面向左关闭，球飞向左边；如果球位过右，击球时左肩和手超过杆头，杆面会向右开放，球飞向右边。因此，选择正确的球位非常重要。

3. 重心转移

正确的重心转移是上杆时重心移到右侧，下杆和击球时重心转移到左侧。左移位置要精确，刚好使左肩、手、杆头三点成一条直线，保持杆面方正。如果击球时重心过左，左肩和手会超越杆头，使杆面开放，形成右曲球；如果击球时重心过右，左肩和手会落后杆头，使杆面关闭，形成左曲球。

4. 挥杆节奏

正确的下杆节奏应该是，下杆开始时要慢，然后逐渐加速，击球时杆头速度最大，并使手与杆头同步达到击球位置。如果转身太快，击球时杆头会落后，杆面开放；如果转身太慢，击球时杆头会超越双手，使杆面关闭。然而，使用铁杆击球时，要让双手在杆头前面，以便向下击球，即先击球再铲草。

以上无论哪一项错误，都很难保持杆面方正，导致球的落点偏离目标。

（四）击球角度

挥杆击球时，杆头形成的轨迹与地面形成的角度称为击球角度，三种理想的击球状况是：杆头向下运行时击球；杆头轨迹与地面平行时击球；杆头从最低点向上运行时击球。

1. 使用中、短铁杆时的击球角度

使用中、短铁杆时，采用杆头向下运行击球（见图 3-40），杆头在到

达挥杆平面最低点即下杆底点之前击球，向下挥杆击球使球杆的有效倾角变小，球产生后旋，且弹道变高。在攻果岭时更多地使用中、短铁杆，为的是产生理想的弹道，并能落地停球。

图 3-40　使用中、短铁杆时的击球角度

2. 使用长铁杆、球道木杆时的击球角度

使用长铁杆、球道木杆时，采用杆头轨迹与地面平行击球（见图 3-41），杆头在挥杆平面的最低点击球，此时的杆面正对球位，击出球的弹道完全取决于杆面的角度，以保证获得正确的方向和理想的距离。

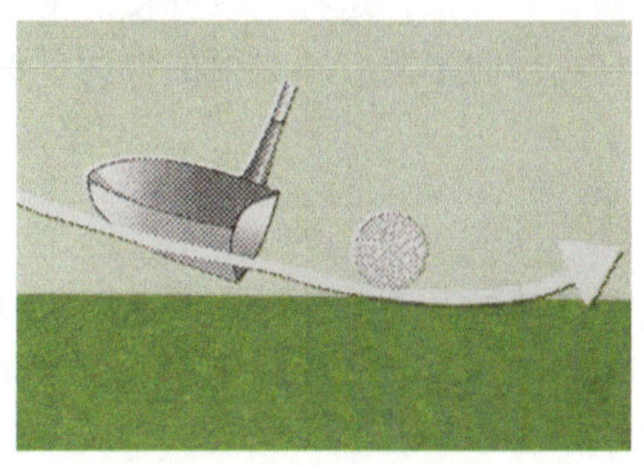

图 3-41　使用长铁杆、球道木杆时的击球角度

3. 使用 1 号木杆时的击球角度

使用 1 号木杆时，杆头过下杆底点后向上运行击球（见图 3-42），杆头经过挥杆平面最低点后以向上的角度将球击出，球向前旋转，弹道较低，球的飞行距离较远，满足开球时追求距离的要求，是在发球台上架 Tee 开球的最佳击球方法。

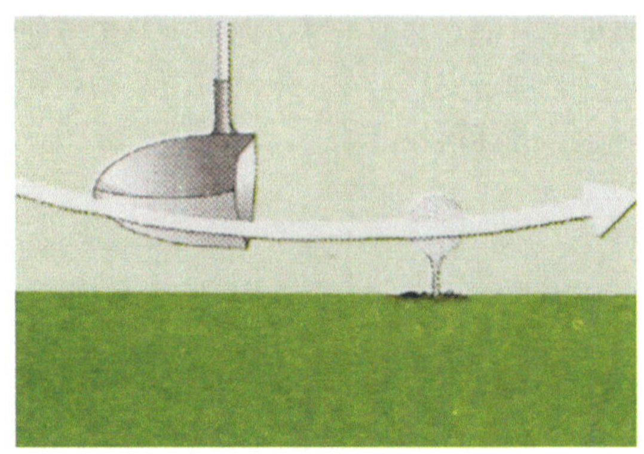

图 3-42 使用 1 号木杆时的击球角度

（五）杆头速度

正常情况下，击球时的杆头速度越大，球飞得越远，这是由物理学上的碰撞原理所决定的，当然，前提是方正击球、杆头路线和杆面角度正确。在其他条件不变的情况下，杆头速度越快，给球的冲击力越大，球的飞行距离也越远。

（六）挥杆节奏

要想打出又远又直的好球，还必须控制好挥杆节奏。挥杆节奏原则上应该是：引杆、上杆慢，下杆快，送杆、收杆慢。但是，整个挥杆节奏的快慢因人而异，在挥杆击球时不应有不必要的发力，保持一贯的挥杆速度和节奏是非常重要的。

小知识

描述球的飞行状况的四个参数分别是距离、方向、弹道、弯曲。

第一，距离。距离是击球点至球停下来的位置的长度，它是空中飞行距离与地面滚动距离之和。

第二，方向。方向是指球刚起飞时的初始方向。

第三，弹道。弹道是由杆面击球时的有效倾角决定的，一般说来，球杆的倾角越大，弹道越高，距离越近。

第四，弯曲。杆头的运行路线和击球时杆面朝向不一致而使球产生侧旋，会使球产生弯曲。

二、全挥杆过程动作解析

在找到了适合自己的握杆，获得了良好的准备姿势后，挥杆动作就成为打出好球的关键。整个挥杆过程应该给人连续、完整、节奏清晰、柔和顺畅的感觉。

这里将挥杆的全过程分解为引杆、上杆中途、上杆顶点、下杆中途、进入触球区、下杆底点、送杆和收杆八个步骤。

小知识

本·霍根式挥杆是一种平面回转挥杆，下挥时杆头从右肩飞出，身体旋转动作随之完成。用这种方式挥杆，球手的肩部保持 90°，腰部则保持 45°。但是，杰克·尼克劳斯的挥杆姿势有所不同，肩部角度加大到 120°，腰部角度则减少为 30°，下半身仍然维持瞄球时的姿势，仅仅在上半身做转体动作，使下挥成为左侧击球。杰克·尼克劳斯式挥杆强调直线击球，不加任何手腕动作，左腕与球杆合而为一。

（一）引杆

引杆（见图 3-43 和图 3-44）是挥杆的启动动作，引杆是否正确决定了挥杆的成败。引杆动作不能过快，强调的是协调与柔和。

图 3-43

图 3-44

引杆的动作要点如下：

（1）站位时，双手的位置以握把后端指向腹部肚脐位置为宜，见图 3-45。双手位置过低，上杆时手的屈腕就会过陡；双手位置过高，相对目标线而言由内上杆的角度加大。这两种情况都会造成引杆动作失败。

（2）引杆时杆面状态方正，垂直挥杆平面，保持杆面平行移动，应避免杆面开放或关闭。

（3）头部保持不动，以脊柱为轴心，肩、臂、手和球杆一体引杆，即同时运动。双肩和双臂形成倒三角形，肌肉用力适中，过于放松或紧张都会使动作变形。

（4）曲腕与转体动作要协调，以保持形成的挥杆平面不脱离站位时的挥杆平面。

（5）右髋向后拉，左肩相应下移，手臂后摆。此时，双肩与双臂形成的三角形至少要保持到八点的位置，手腕的角度与瞄准时相同，臂部位置不变，要有“推上去”的感觉，而不是“用手臂举起球杆”。

（6）双脚踏实，抓地有力，此时不能抬起左脚脚跟（见图 3-46）。

图 3-45

图 3-46

（二）上杆中途

上杆途中见图 3-47。

图 3-47

动作要点如下：

（1）左臂与地面平行，球杆与左臂的角度大于或等于 90°。

（2）左手腕沿拇指侧稍上翘，手背与目标线平行，肩部、腰部、髋部依次转动，身体重心逐渐移向右腿内侧。

（3）肩膀旋转约 70°，髋的转动小于肩膀的 1/2。

（4）注意保持“正确的上杆平面”，杆面方正，杆身与目标线平行时，握把的末端指向目标方向，杆趾部指向天空。

（5）保持“柔和、顺畅的上杆节奏”，动作连续而有节奏，过快或过慢都会影响挥杆的质量。

上杆顶点时的杆面方向决定了击球瞬间的杆面方向。中性握杆方法有利于上杆顶点时杆面保持正确的方向。

（三）上杆顶点

上杆顶点（见图 3-48）是指在挥杆平面的最高点，能量在此时积蓄到最大极限。这个位置是上杆动作与下杆动作的转换点，也是两个动作节奏的转换点。上杆动作与下杆动作的转换不要过于急促，要留有空间，即留有上杆顶点的节奏。

动作要点如下：

图 3-48

(1) 头部相对于躯干保持不动，双眼注视着球。

(2) 脊柱角度与站位时的角度一致，提高或降低都是错误的。上肢与大腿形成的角度与站位时也是一致的。

(3) 肩膀围绕脊柱垂直旋转，髋部水平旋转。肩部向右转约 90°，颈椎位置保持不变。髋向右转约 40°。

(4) 左肩在下颌下方，在右膝内侧上方。

(5) 左臂与杆面平行。也就是说，左臂与杆面处于同一挥杆平面，杆面与地面的角度为 45°，杆头指向目标。

(6) 右上臂自然靠近身体右侧，右肘向上弯曲 90°。

(7) 身体重心完全右移至右腿内侧，右膝稍内扣，角度应与站位时相同。

(四) 下杆中途

下杆中途（见图 3-49），通过髋、肩的回转将身体积蓄的能量传递至手臂。

动作要点如下：

(1) 通过右腿的蹬转，髋的回转，身体重心向左侧转移，头部位置不变。

图 3-49

(2) 重心转移到左腿上，髋部有少许的转动。出于准备发力的需要，双腿有往左下方蹲的趋势。

(3) 自然顺畅地下拉球杆，即维持屈腕的同时依靠肩部的回转顺势下拉球杆。

(4) 右肩下沉，球杆贴身体向下运动，手臂和身体肌肉绷紧，保持应激状态。右手肘向下和向内拉，便于球杆自目标线内侧下杆击球。

(5) 手臂与球杆的夹角已变大，手腕已开始释放，便于手与杆头同时到达击球位置。

(6) 上体前倾角度与站位时相同，头部位置不变。

注意保持“正确的下杆平面”以及“柔和、顺畅的下杆节奏”。

(五) 下杆底点

下杆底点（见图 3-50）处于挥杆平面的最低点，能量在此时完全释放，球杆速度达到最快，球由此开始进入飞行路线。

动作要点如下：

(1) 上体前倾角度与站位时相同，头部位置不变。

(2) 身体重心位于左侧，左腿有受力感，向身后蹬直起支撑和平衡作用；右膝顺势向内弯曲，髋部继续向左转动至约 45°。

图 3-50　下杆底点

（3）肩部与目标线平行或右肩略低于左肩，头部处于球的后方，不能有任何扭动以保持稳定性，左耳与球相对。

（4）双肩和双臂保持三角形不变，左臂和球杆几乎成一条直线。

（5）左手腕伸直，手背与目标线垂直，保证杆面方正击球。

（6）保证杆头沿目标线的内侧下杆，再沿目标线内侧随之挥动。

（7）释放杆头要靠手腕的力量，也就是下杆途中左手到腰部位置时，靠手腕力量使杆头的力量释放。

小知识

挥杆过程中的三种击球方式分别是：

第一，1号木杆是在过下杆底点后开始击球的，满足开球时追求距离的要求。

第二，球道木杆和长铁杆是平行击球的，即在下杆底点击球，以获得正确的方向和理想的距离。

第三，中、短铁杆是在下杆底点前击球的，以使球产生后旋，且弹道变高。

（六）送杆和收杆（见图 3-51）

击球结束并不意味着挥杆过程结束，一定要有自然而充分的送杆阶段。送杆阶段的关键是重心的移动和身体的平衡。

图 3-51　送杆和收杆

做好送杆动作，要有球粘在杆头上、与杆头一起挥出去的感觉，最后完成收杆动作。从几何角度讲，送杆与上杆中途相对称，收杆与上杆顶点相重合。

送杆和收杆时的动作要点如下：

（1）右肩转向下颌下方，与上杆时的左肩对称，头部位置不变。

（2）利用击球瞬间的强劲力量，随着重心转移，双臂伸直指向球飞出的方向。

（3）自如完成从击球开始的翻腕动作，即右手翻向左手的过程。

（4）保持击球准备时的身体倾斜度，右肩下沉，面部朝下，并顺势收杆。

（5）通过髋、肩继续转动的弹性自然完成收杆动作，注意不要扭转腰部，而要通过髋关节、膝关节的运动来完成转身。收杆结束时身体应保持平衡。

（6）良好充分的送杆动作说明重心移动良好和充分，是正确平稳完成收杆动作的保证。

（7）收杆动作结束，头部转向目标方向，双臂弯曲，双手在左肩上方。完美的收杆动作将使重心完全转移到左腿左脚上。

挥杆全过程被专业人士称为全挥杆。

小知识

常胜之道如下：

第一，一定要保持平静的心态，把注意力集中到当前要打的这一杆上。

第二，增强自信心的最好方法是采用自己熟练且有把握的挥杆动作。

第三，不要过多地考虑成绩，减轻心理负担。

第四，临场要根据自己的实际情况做出判断，不要过多注意球友对球杆的选择及其临场策略。

第四节　短击球的打法

短击球通常是指击球距离 30 米之内，用于果岭周围的击球技法。选择好球杆，掌握好击球技术，可以有效地减少杆数，提高成绩。

临场策略需要就三个方面的因素做出研判：果岭速度和坡度、击球的高度和力度以及球的旋转。

一、短击球原则

尽量采用安全打法，能打切滚球就一定打切滚球；不能打切滚球时，球抛起的高度不要太高，落地后一定要有一定的滚动距离；没有滚动空间时，采用高吊球技术，落地后要能停住球。

二、切滚球

切滚球（见图 3-52）是指球落上果岭后，以向前滚动的方式靠近或进入球洞的技法。切滚球在短击球中是比较安全的方法，一般选择杆面角度较小的短铁杆。

（一）击球准备

站姿略窄，左脚向左打开大约 15°，重心左移，60%的重量在左脚上。站位时，两膝放松微屈，保持平衡。身体稍打开，双手位于球位的前方，一般方式握杆或采用推杆的握杆方法，握杆力量要始终保持一致，挥杆时手部不要有任何动作。握杆短些，杆面方正。

图 3-52 切滚球

（二）上杆

左手腕保持平直稳固，以肩带动手臂，上杆幅度较小。

（三）击球与送杆

身体重心 60%保持在左侧，下杆击球时，膝随身体的转动向目标侧弯，杆面保持方正，送杆幅度与上杆幅度基本一致。

（四）落点选择

使用不同的铁杆，球的飞行距离与滚动距离不同（见表 3-1）。

表 3-1

铁杆型号	9	8	7	6	5	4
球的飞行与滚动距离之比	1∶1	1∶2	1∶3	1∶4	1∶5	1∶6

（五）特殊处理

如果球位在距果岭较远的长草中，还可以使用木杆，因为木杆更容易在草上滑过。

三、劈起球

劈起球（见图 3-53）是用杆面倾角比较大的球杆向上打起高球越过障碍并靠近球洞的技法，一般选用劈起杆或沙坑杆。

图 3-53　劈起球

（一）击球准备

站姿与起扑球相同，杆面稍开放，但要对准目标，握杆稍短。

（二）上杆

采用陡峭上杆方式，注意屈腕时机视上杆幅度而定，一定要完成屈腕动作。

（三）击球与送杆

下杆击球时，保证平顺地加速以维持良好的击球节奏，击球后顺势送杆，注意轻松握杆。

（四）落点选择

一般从球位至目标球被击起的滚动距离是飞行距离的 1/3。不同情况

下有不同的选择：地硬落点可距目标远些，地软则近些；下坡落点应距目标远些，上坡则近些。

（五）攻击旗杆

劈起球的落点一般比预想的距离要短，所以攻击的目标点一定要选择旗杆。

四、高抛球

球位与球洞的距离在 10 米之内，之间有沙坑或长草且几乎没有落地空间的情况下，一般采用高抛球技法，杆形选择沙坑杆或高吊杆（杆面角度为 60°），动作基本与劈起球相似。

（一）击球准备

站姿略窄，左脚向左打开大约 15°，重心左移，60%的重量在左脚上。球位中间偏左，站位稍开放。正常方式握杆，杆面开放，双肩与目标线平行，双脚均匀有力。

（二）挥杆

沿身体方向挥杆，上杆陡峭，曲腕动作提前，以形成陡峭的挥杆平面，使击球力量减小，击出的球高高抛起而且距离不远。

（三）球的落点

球的落点更接近目标，球的飞行距离与滚动距离比可达到 9∶1，甚至球在第一落点停球或向回滚动（初学者或高差点球手不宜使用该技术）。

第五节　推杆技术

推杆击球是指在球洞区（果岭）使用推杆以推球进洞为目的所进行的击球过程。通常在一场 18 洞标准为 72 杆的高尔夫球比赛中，挥杆与推杆的杆数在总杆数中各占 50%，都是 36 杆。数据统计显示：对于水平略低的球手，推杆在总杆数中所占的比率大约是 42%左右，而职业运动员的成绩往往是由推杆的好坏决定的。如果说挥杆是在过程中追求完美，那么推杆就是在追求结果的完美。

与球手需要配置多只挥杆不同的是，球手一般只配置一只推杆，而且有经验的球手是不经常更换推杆的。推杆技术动作也没有挥杆那么复杂，如果说挥杆是球手间力量的博弈，那么推杆则是球手心理素质的博弈。

一场标准的高尔夫球比赛 18 个球洞所处的球洞区形状各异，复杂纷呈。球手可以选择使用各种类型的推杆，如长距推杆、短距推杆、上坡推杆、下坡推杆等来实现对目标的攻击。实战中，在同一个球洞区、同一个位置上使用同一个推杆，推出的球的线路不是完全相同的，这也正是高尔夫球这项运动的魅力所在。

一、推杆基本要领

（一）击球准备

1. 站姿

双脚开立至最具舒适感的距离（一般与肩同宽），上身放松自然弯曲，双膝放松微屈。双手握杆，感觉双臂轻靠两边肋部，双肩与手臂形成一个倒悬的三角形。一般推杆的杆底角度是 70°，杆面倾角是 3°~6°（见图 3-54）。

图 3-54

2. 握杆

握杆的方式不限，推杆的握杆着重强调双手握杆时要有较为舒适的一体感，杆面垂直推击线。注意握杆力度要适当，握杆太紧会使手、手臂和肩部的肌肉紧张，导致动作变形，影响推杆质量。

3. 站位

肩部、臀部、双肩、双脚与推击线保持平行。挺胸收臀，重心稍左，体重均匀分配在脚掌内侧。双臂自然下垂，杆身与地面的角度为70°。脚尖与球的距离因人而异，眼睛在球位的正上方是比较合适的距离。

4. 球位

球位在身体中间偏左约两个球，左眼正下方的位置。

5. 瞄准

在确定推击线路之后，在球与目标之间距离球约 30 厘米的位置选择一个点作为中间目标，这个中间目标可以是变了颜色的草或沙子，也可以是有其他特点的标记。这里要着重强调：杆面、球对中间目标进行瞄准而不是对最终目标瞄准。

小知识

杆面瞄准的步骤为：首先让杆面与目标线保持方正，然后根据杆面让身体各部位的连线与杆面垂直。

先放置推杆，后调整身体站位；预备击球时，应首先将杆头放置在球后并瞄准目标，然后再相应调整身体站位。多数高尔夫球运动员是先站位后放置球杆，这很容易造成瞄球错误。

（二）推杆击球的六个关键因素

1. 击球时的杆头路径

杆头运动路径与地面平行。为了让推杆击球更加顺畅，挥杆时不应该贴紧地面运动，杆头后摆和前摆形成的路径是一个两头轻微上翘、弯曲的轨道（见图 3-55）。杆头路径决定了球在球洞区的滚动方向。

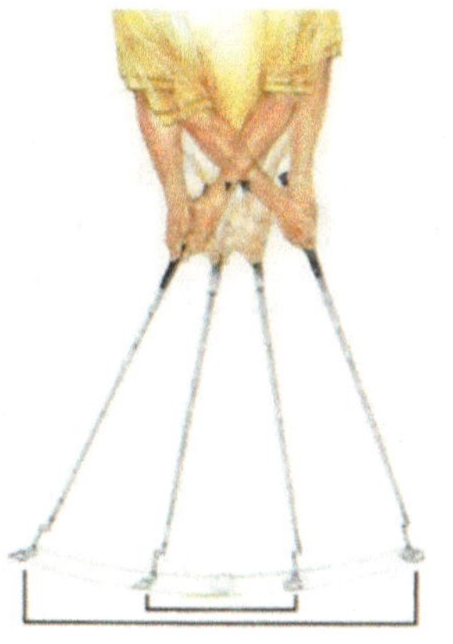

图 3-55

2. 击球时的杆面方向

与挥杆相同，推杆击球也有三种方式：杆面方正、杆面开放和杆面关闭。这是决定球在球洞区滚动方向的关键因素。

3. 方正击球

要求使用杆面的甜蜜点击球，非甜蜜

点击球会造成距离损失。

4. 击球角度

杆头向上、向下或水平移动击中球，它决定了球的旋转程度，也是影响距离的因素。

5. 杆头速度

击球时杆头速度与球的滚动成正比，所以杆头速度是影响距离的关键因素。

6. 动作平稳协调

推杆时要保持身体和头部相对静止，由上臂和肩部的力量带动推杆实现运动。如果手、手腕和肩的运动不协调，就很难实现对方向和距离的控制。平稳而有节奏的击球动作对于取得好的成绩至关重要。后上杆和送杆的幅度要基本保持一致，良好的节奏感会提高对距离的控制程度。

（三）推杆动作解析

（1）与挥杆不同的是，在整个推杆过程中站姿基本保持不变，尤其要求身体没有任何水平的移动，以保持推杆的稳定性。

（2）上身向前弯曲到肩部可以舒适地自然摆动为止，挺胸收臀，双腿微曲，大腿要没有后拉的感觉，保持重心稳定。

（3）双臂自然下垂握杆，双手与身体保持合适的距离，以杆头可以平行移动直线击球为宜。

（4）始终保持双肩与手臂形成一个倒悬的三角形，手腕与杆身平行。

（5）双手的分工是：左手起方向引导的作用，右手起控制距离的作用。

（6）为保证推杆时杆头平行移动，需要手腕动作保持不变，不能有任何弯曲动作（见图 3-56）。

（7）平行击球要求头部投影点没有移动，中间目标要确定在眼睛余光可视范围之内，以防止头部移动引起身体晃动，干扰平行击球。

（8）推杆时眼睛要盯住球与杆面接触的部位，而不是盯住球。目光不随球杆移动是非常重要的，不然会引起头部移动，影响击球的稳定性。具有良好推杆技能的球手，眼睛只是盯着球的后面，而不是随着球杆有任何的移动。

（9）双肩以颈椎为轴做钟摆运动，保持双肩与双臂的倒悬三角形不变。

图 3-56

（10）击球瞬间手腕动作保持不变，肩部带动手臂和杆头一起做钟摆运动。杆头始终在推击线上移动，杆面与推击线成直角。

（四）推杆的全过程

1. 上杆（见图 3-57）

（1）上杆时，双肩以颈椎为轴向右转动，杆头稍离地面，沿推击线平行向右移动。

（2）要注意感受杆头的重量，通过上杆幅度的大小来控制距离。

（3）上杆幅度的大小决定了推球的距离，距离越长，上杆的幅度越大。

（4）动作平稳有节奏感，良好的节奏是距离控制的不二法门。

小知识

长推杆的摆动幅度大而流畅，动作慢而轻，节奏协调。这需要较宽的站位。握杆稍轻，用肩部和手臂挥杆，手腕保持不动，头和身体也同样相对静止。挥杆时杆头像钟摆一样运动，即杆头路径是一个两头向上翘、弯曲的弧线。不要对方向太过在意，关键是要稳定击球，并让球有一个良好的滚动。

2. 下杆（见图 3-58）

（1）下杆时，双肩仍以颈椎为轴回转，杆头沿原路线返回，并方正击球。

（2）推杆的杆面倾角虽然很小，但是非常重要，如果没有这个角度，推出的球会产生弹跳，影响距离和方向，所以击球时一定要注意保持这个角度。

击球方法有两种：平推和上推。平推是指手臂和双手保持固定，通过肩部做钟摆运动的推杆方法。沿推击线下杆，击球后，送杆要有平推的动作。平推适用于距离稍长的长推杆。上推是指手腕稍向上上杆，改变击球角度，向上将球敲出的击球方法。这种击球方法使球产生旋转，适用于在草比较硬的球洞区上进行短距离推杆。在长距离推杆时，这种击球容易产生方向偏离，应避免使用。

3. 送杆（见图 3-59）

（1）送杆时，双肩以颈椎为轴向左转动，左肩稍上提，左手腕与球杆的角度保持不变。

（2）手腕保持固定，肩部与双臂所形成的倒悬三角形保持不变。

（3）送杆与上杆是完全对称的运动，并且节奏相同。

图 3-57 上杆

图 3-58 下杆

图 3-59 送杆

小知识

短推杆追求的是准确，所以开始时的站姿必须紧凑，以利于控制。从髋部往前弯曲稍多一点，双脚靠前一些，也就是站位较长推要窄，身体要低，但不能让身体失去平衡。利用肩部和手臂相对微小的动作，结合手和手腕的小块肌肉带动球杆运动。

二、推杆的方向和距离

世界上没有两个完全相同的球洞区，球会随机落在上面的任何地方，球洞区千变万化，球位千差万别，一路挥杆奋战将球攻上球洞区的球手要面对的就是这样一种随机的选择。

对于任何球手而言，无论遇到什么样的球洞区和球位，推球入洞的不二选择是对球洞区做出研判，制定推击路线，也就是判断推杆的方向和距离并付诸实践。这里球手们较量的不仅仅是技术和经验，而且在智慧、心理素质和控制力方面的对抗能力也显得尤为重要。

（一）方向判断

（1）对方向影响较大的主要是球洞区的坡度和草的纹路。向前滚动的球出现球路弯曲转折的原因有二：一是球位与球洞之间的坡度对球路产生了影响；二是草的纹路对滚动中的球产生的阻力，使球路发生了左曲或右曲。坡度相同时，所处的球洞区速度越快，球受草纹影响的程度就越大；相反，速度越慢，影响越小。

（2）从球的后面研判推击路线，确定是左侧坡还是右侧坡以及坡度的大小，进而确定球路的弯曲度的大小。

（3）到球洞的后面复查推击路线，验证是否正确。在坡度复杂的球洞区上，从不同的角度观察会得出不同的结论。

（4）研判草纹的办法是观察太阳的方向，向着太阳的方向生长的是顺草，反之就是逆草；也可以通过观察球洞口的草的生长来研判草的纹路。

（二）距离判断

推杆距离有两个层面的意义：一是球位与球洞的距离；二是一次推杆将球送出的距离。

影响推杆的距离有两方面的因素：距离感和力量的使用。

（1）距离感。推球的距离感来自挥杆的强弱和击球的感觉。反复多次不同距离的推杆练习可以帮助球手找出适合自己的上杆幅度和击球速度。徒步测量球位到球洞的距离是对凭经验和感觉产生的距离感进行复核的好办法。

（2）力量的使用。

用击球力量，即杆头速度控制推球的距离。相同的击球幅度，用力不同，则杆头速度不同，击出球的距离也不同。我们更推荐用挥杆幅度控制推球距离。距离越长，挥杆幅度越大，反之亦然。是使用控制击球力量方法还是使用控制挥杆幅度的方法来控制推球的距离，是各有侧重还是两者结合，这要根据个人的体貌特征和喜好来决定。对推杆时发力大小的判断的非常重要的一部分来源于对球洞区的研判。

距离是通过挥杆幅度和节奏来控制的。上杆幅度越大，球推得越远。方向和节奏决定了推球的稳定性，是最主要的控制速度和距离的因素。良好的推杆节奏是上杆和送杆的速度与距离保持相同。

三、球洞区研判

球洞区形状各异，地貌复杂纷呈。良好的球洞区研判可以帮助球手正确判断球的弯曲拐点和滚动速度，设定正确的推击路线，有效减少推杆次数。

对于球洞区的研判有两方面的内容：研判球洞区快慢以确定球的滚动速度；研判球洞区的转折以确定推击路线，借助坡度的作用实现推球入洞。

（一）研判球洞区速度

具有丰富经验的高尔夫球运动员会将球洞区分为慢速和快速，研判球洞区速度的口诀是：

第一，上坡慢，下坡快。

第二，逆草慢，顺草快。

第三，潮湿慢，干燥快。

第四，冬天慢，夏天快。

第五，长草慢，短草快。

慢速球洞区的特点是球移动的阻力大，球运行的弯曲度小。推球时要克服阻力，就要增加力量，提高杆头速度，加大球的冲击力。球的冲击力与球洞区坡度影响是相互制约的关系，这种情况下设定推球路线的弯曲程度要小一些。

快速球洞区的特点是球移动的阻力小，球运行的弯曲度也大，推击用力要轻，设定推球路线的弯曲程度要相应加大。

另外，影响果岭速度的因素还有草的品种、球场对草的管理状况，以及雨天、风力、风向等。

（二）判断球洞区转折

球洞区转折是指高尔夫球在球洞区上由于坡度和草纹的变化而改变了滚动路线。转折点就是高尔夫球在球洞区上开始改变滚动路线的地点。

（1）坡度和朝向是影响球滚动路线的第一因素。

（2）草纹的顺逆会使球的滚动发生变化。

（3）球的速度是使球路受客观条件影响发生转折的重要因素，球速越慢，所受影响越大。

小知识

长距离推杆秘籍如下：

第一，忘掉球洞。研判球洞区时，找出推击路线上的最高点，即球完全受引力影响开始滚向球洞的一点，并将杆面瞄准这一点。

第二，挥杆。比赛前去果岭练习，找几个不同的球洞，仅用右手握杆练习推击，以加强对距离控制的感觉。注意体会手臂和击球是如何完全被杆头的重量所控制的。击球过程中，运动员的前臂应该有一定的转动，手腕先翻转再反向翻转，以增加击球力量；也可以在球场上用这种击球代替标准击球。

第三，不要想着一定要推击进洞，精神放松，自由地感受杆头的运动与击球瞬间带来的成就感。对距离控制能力的提高会让运动员自己更加自信。

四、推杆程序

（1）在球洞区上自己的球位处用球标（mark）做好标记，捡起球，擦拭干净后将球放回原处。无论距离远近，从侧面观察球与球洞之间的实际距离、坡度以及草纹，进行实地研判。

（2）先从球的后方研判，再从球的前方研判，以最终确定推杆路线。

（3）根据研判后的推杆路线，有转折点的话把球对准转折点，没有的话就直接对准目标。

（4）收起球标，做击球准备。

（5）在球位后方前后试推，确定上杆幅度和节奏。

（6）站好位，抬头看球洞一次后，将球推出。

（7）将球推出后，保持原来姿势不动 2 秒钟（默数），然后抬头看球。

高尔夫球运动的体能训练

高尔夫球运动需要体能训练吗？答案是肯定的。高尔夫球运动和其他任何运动项目一样，需要大量的体能训练来促进运动员的身体健康水平，减少生理局限，帮助运动员优化挥杆模式，高尔夫球运动的体能训练包括柔韧性、速度、力量、耐力、专项技术能力等方面。良好的体能训练能使动能转换更有效率，可以提高运动员的击球能力并提升杆头速度，良好的体能和耐力还能使运动员专注于完成整场比赛。

第一节　体能训练概述

一、体能训练的概念

体能训练涉及身体机能、身体形态、健康和运动素质等多方面的因素。身体机能是机体各器官系统的功能，是机体活动的基础；身体形态是人体的外部形状；健康是运动员参加训练活动的必要条件；运动素质则是指在运动时机体的各种基本运动能力。

不管是身体形态、身体机能，还是运动素质，无疑都对机体的整体体能水平产生着直接有效的影响，并且它们之间也有着密不可分的联系，既是相互独立的，又是互相影响和制约的。所以在体能训练中，要注重各方面要素的全面发展。

先天遗传因素会对机体的身体机能、身体形态以及运动素质等产生重要的影响，但是这些因素也会受到来自后天的影响，会在机体的生长发育后期训练过程中逐渐发展和变化。一般来说，机体各项因素最基本的发挥是能满足机体正常的生活和活动需求的，而对于参加专门的体育运动的人来说却是不够的。运动员们对身体机能、素质等各方面的要求往往更高，因为他们所承受的运动负荷和精神紧张程度较普通人来说要更高。所以，他们必须对机体潜能做最大程度的开发和利用，这种开发和利用有时甚至会达到机体的承受极限。尤其是现今体育运动发展迅速，各项运动项目的成绩已经达到了较高的水平，运动员要想获得更好的成绩，就必须有更强的运动能力，这就加大了对运动员体能的要求。所以，体能训练要在遗传和后期生长发展的基础上，对有机体中的可改变部分给予影响，使之提高，以符合创造高水平成绩的需要。

二、体能训练的内容和要求

（一）体能训练的内容

1. 一般体能训练

一般体能训练是为了全面发展运动员的运动素质，改变运动员的身体形态，使运动员有效掌握各非专项的运动知识、技术和技能的非专项能力的训练。同时，它还有利于人体血管、心脏和肌肉组织等机能发展。

2. 专项体能训练

专项体能训练主要是为了提高运动员的体育运动能力而进行的一系列的专项的训练。专项体能训练能够最有效地发展运动员的运动素质，通过专项体能训练，运动员可以较好地掌握某专项或某战术，为运动比赛打下坚实的基础。专项体能训练的内容因运动项目的不同而不同。

通常来说，一般体能训练和专项体能训练之间是相互促进的，专项体能水平的提高会促进一般体能水平，一般体能水平提高的同时也会促进专项体能水平的提高，两者是相互促进的。

（二）体能训练的要求

1. 要突出重点，促进体能的全面发展

专项训练或比赛对运动员的身体运动能力有着较高的要求，运动员若顺利或超水平完成训练或比赛就必须全面发展其体能素质。运动员必须先进行全面的运动能力发展，为之后的专项发展打好基础。此外，体能的全面发展应有所侧重，要根据运动员的运动特点以及比赛要求，有重点地进行训练，不能盲目追求均衡发展

2. 体能训练要与技术和战术训练的需要相适应

体能训练要适应技术和战术训练的需要，使体能训练最终的训练效果能够良好地运用到比赛中去，而体能训练能够与技术和战术训练有效结合的关键就在于体能训练手段的选择和运用。专项体能训练内容与手段的安排和选用必须凸显专项的特征。同时，专项训练的形式也要与技术或战术动作保持一致，要考虑身体练习的生物力学等特征，以利于将体能训练的效果通过专项技术、战术转化到比赛中去。

3. 一般体能训练和专项体能训练安排的比例要适当

一般体能训练能够促进专项体能水平的提高，但是一般体能训练并不能取代专项体能训练，尤其是对于能力水平较高的运动员来说，只有通过

充分合理的专项体能训练，才能有效地提高身体素质，并取得更好成绩。所以，在体能训练中，应该根据不同时期的训练要求，对一般体能训练和专项体能训练进行合理的安排，促进运动员的运动素质和身体机能的良好发展。

4. 要系统评价体能训练的效果

在体能训练中，要系统、定期或不定期地对运动员身体运动能力进行检查，评价运动员体能训练的效果。要对运动训练的检查结果进行量化和定性的分析，评价运动员的体能训练是否已经达到训练的预期目标，查找不足或缺陷，避免因盲目的训练而阻碍训练效果的提高。

第二节　高尔夫球运动的柔韧性训练

柔韧性是指人体大幅度完成动作的能力。柔韧性由人体关节活动灵活性、肌肉和韧带的伸展性与弹性，以及肌肉紧张与放松的协调性所决定。在高尔夫球挥杆技术动作中，柔韧性决定动作幅度，从而决定动作的效果。

柔韧性训练的基本方法是拉伸，可采用主动性和被动性拉伸练习。训练时要掌握好练习的强度和幅度，以免肌肉拉伤，练习时用力程度要逐渐加大，以运动员稍感拉紧和微疼为止。柔韧性练习一般在准备活动中身体发热后进行。高尔夫球专项训练时需要进行专门的柔韧发展训练。柔韧性练习需要运动员长期坚持进行。

对于高尔夫球运动员来说，柔韧性训练是非常重要的，但在训练中要注意与稳定性的统一，稳定性原则是所有功能性运动的重要方面。这种平衡是高尔夫球运动员站立与挥杆过程中柔韧性与稳定性之间的平衡，而不是单脚站立的平衡。如果高尔夫球运动员的柔韧性过度，或者无法控制好挥杆时所需的柔韧性，就会导致失去平衡，这是高尔夫球运动员初期训练时更多发生的问题，具体表现为挥杆幅度过大造成击球时的下肢不稳定，击球效果不好，这时柔韧性反而会成为高尔夫球运动员的不利因素。另一方面，如果运动员的柔韧性差，关节僵硬，没有足够的柔韧性使运动员完成有效的高尔夫挥杆动作，那么再好的肌肉力量也无法获得预负荷，从而导致击球爆发力不足，这就是高尔夫球运动员把握好柔韧性练习与稳定性之间平衡的重要性。我们应该在肌肉力量和关节活动正常或异常的情况下，对关节进行积极的肌肉控制，从而获得挥杆的稳定性。高尔夫球运动员要重视柔韧性训练，但也要在训练时注意平衡性原则，控制自己所需柔韧性的量，也就是主动稳定性。在柔韧性训练时，主要获得两点帮助：一是使高尔夫球运动员获得运动范围内最佳的挥杆幅度；二是预防受伤。

高尔夫球运动员进行柔韧性训练，目的是达到更大的运动范围，并为打高尔夫球做好准备，重点是训练结缔组织及肌肉组织。所有的组织都有不同程度的可塑性和弹性，组织弹性高，拉伸后就越容易回到原来的位置。例如，皮肤就有很高的弹性，肌肉也有很高的弹性，而且具有可塑性，一旦发生变形，就会趋于保持变形后的长度。在肌肉极端紧绷的情况下，新生肌肉细胞可能需要一个渐变的适应过程才能拉长肌肉。增加肌肉弹性可能需要持续几周的每日训练，打破壁垒的唯一方法是利用被动或主动的训练技巧，并长期坚持训练。

柔韧性训练以拉伸为主，常用的两种基本的拉伸类型是被动拉伸和主动拉伸。在被动拉伸中，拉伸力是由设备、教练或同伴提供的。高尔夫球运动员可以借助同伴或器材拉伸。静态拉伸是被动拉伸的一种方式。高尔夫球运动员进行静态拉伸，以便获得更好的韧性并改进影响挥杆的姿势。静态拉伸是被动地保持某种姿势，如将肢体或躯体摆成某种姿势，并通过重力或其他支撑物将身体固定在那里。运动员不需要运动肌肉来保持拉伸状态。这种缓慢施加的拉伸力在一定时间内是恒定的。静态拉伸易学好练，是改善结缔组织可塑性的最佳方式。

主动拉伸是高尔夫球运动员自身发力进行拉伸，也是指肌肉群被用来拉伸另一个肌肉群。主动拉伸是指在拉伸肌肉之前，运动员有意识地放松该肌肉，使肌肉收缩机制受到人为的抑制，此时进行拉伸的阻力最小。主动拉伸技术只能放松肌肉组织中具有收缩性的结构，而对结缔组织无影响。

高尔夫球运动员在进行拉伸之前应先了解自身状态，如运动前、运动中或者运动后等，选择适当的拉伸方法。尽量保持在舒适、放松的体位，被拉伸部位处于易于拉伸的肢体位，充分暴露拉伸部位。拉伸时，拉伸力量的方向应与身体运动功能训练肌肉紧张或挛缩的方向相反。先在关节可动范围内，然后固定关节近端，拉伸远端，以增加肌肉长度和关节范围。

一、静态主动拉伸

静态主动拉伸是指自身肌肉在没有外力协助的条件下，用自身力量和体重拉伸肌肉和筋膜结缔组织的过程，其优点是拉伸过程中的力度可以根据自身感受调节控制。

（一）颈部拉伸——胸锁乳突肌（见图 4-1）

动作要领：呈坐姿，双臂自然下垂，头部后伸至最大限度后向一侧尽力侧屈，然后转向对侧，眼睛看斜上方。

训练方法：当目标肌肉有中等程度的拉伸感时，保持静力性收缩 10~30 秒，顺畅呼吸不憋气，重复 3~5 组，对侧亦然。

注意事项：颈部活动角度控制，背部挺直，不能弯腰弓背。

图 4-1　颈部拉伸——胸锁乳突肌

（二）颈部拉伸——肩胛提肌（见图 4-2）

动作要领：呈坐姿，一侧手臂自然下垂并尽量延展，另一侧手臂抬起，扶住环部，发力将头部拉向对侧。

图 4-2　颈部拉伸——肩胛提肌

训练方法：当目标肌肉有中等程度的拉伸感时，保持静力性收缩 10~30 秒，顺畅呼吸不憋气，重复 3~5 组，对侧亦然。

注意事项：施力方向要在冠状面内尽力侧屈。

（三）肩带拉伸一——三角肌前束（见图 4-3）

动作要领：身体自然站立，将双侧手臂自然伸直，向后伸至极限位置。

训练方法：当目标肌肉有中等程度的拉伸感时，保持静力性收缩 10~30 秒，顺畅呼吸不憋气，重复 3~5 组，对侧亦然。

注意事项：直接向后发力，缓慢延展，切忌手臂内旋和肩关节外展。

图 4-3　肩带拉伸一——三角肌前束

（四）肩带拉伸——三角肌后束（见图 4-4）

动作要领：身体自然站立，将一侧手臂抬至水平位置，拇指向上，用对侧手臂扶住肘关节上方，拉至躯干的方向。

训练方法：当目标肌肉有中等程度的拉伸感时，保持静力性收缩 10~30 秒，畅呼吸不憋气，重复 3~5 组，对侧亦然。

注意事项：肘关节保持微屈，不能超伸。

图 4-4　肩带拉伸——三角肌后束

（五）上臂拉伸——肱二头肌（见图 4-5）

动作要领：身体自然站立，将两臂尽力向后延展（稍低于肩），并将前臂内旋。

图 4-5　上臂拉伸——肱二头肌

训练方法：当目标肌肉有中等程度的拉伸感时，保持静力性收缩 10~

30 秒，顺畅呼吸不憋气，重复 3~5 组。

注意事项：避免肘关节的超伸，可单侧拉伸，再换另一侧。

（六）上臂拉伸一——肱三头肌（见图 4-6）

动作要领：呈坐姿，将一侧肘关节尽力折叠，手掌落在肩胛骨中间，另侧手握住肘关节上方拉向头部。

训练方法：当目标肌肉有中等程度的拉伸感时，保持静力性收缩 10~30 秒，顺畅呼吸不憋气，重复 3~5 组，对侧亦然。

注意事项：避免躯干发生侧屈，沿着前臂的指向施力。

图 4-6　上臂拉伸一——肱三头肌

（七）躯干拉伸——腹直肌（见图 4-7）

动作要领：俯卧在垫子上，前臂支撑在胸部正下方，将上体缓慢推起。

训练方法：当目标肌肉有中等程度的拉伸感时，保持静力性收缩 10~30 秒，顺畅呼吸不憋气，重复 3~5 组。

注意事项：向上抬起时，可由手臂支撑过渡到手支撑，避免抬起角度太大，造成腰椎的压力。

图 4-7　躯干拉伸——腹直肌

（八）躯干拉伸——胸大肌（见图 4-8）

动作要领：找一个固定物，双脚前后站立，将一侧手臂呈垂直角度扶住固定物，上臂和躯干呈 90°。

训练方法：当目标肌肉有中等程度的拉伸感时，保持静力性收缩 10~30 秒，顺畅呼吸不憋气，重复 3~5 组。

注意事项：保持躯干稳定，整体向前躯干可略微向对侧旋转。

图 4-8　躯干拉伸——胸大肌

（九）躯干拉伸——背阔肌（见图 4-9）

动作要领：双手扶住固定物，双腿自然分开站立，将手臂伸直，躯干前倾，使手臂和躯干在一条直线上。

训练方法：当目标肌肉有中等程度的拉伸感时，保持静力性收缩 10~30 秒，顺畅呼吸不憋气，重复 3~5 组，对侧亦然。

注意事项：身体重心向后、向下缓慢发力。

图 4-9　躯干拉伸——背阔肌

（十）躯干拉伸——腰方肌（见图 4-10）

动作要领：呈分腿坐姿，左臂上举，右手放在左侧骨盆处，身体向右侧倾。

图 4-10　躯干拉伸——腰方肌

训练方法：当目标肌肉有中等程度的拉伸感时，保持静力性收缩 10~30 秒，顺畅呼吸不憋气，重复 3~5 组，对侧亦然。

注意事项：可根据下肢柔韧性大小，改变双腿的角度和膝关节的弯曲度。

（十一）臀部拉伸——臀大肌（见图 4-11）

动作要领：前腿盘坐，后腿自然伸直，腰背挺直，上体前倾。

图 4-11 臀部拉伸——臀大肌

训练方法：当目标肌肉有中等程度的拉伸感时，保持静力性收缩 10~30 秒，顺畅呼吸不憋气，重复 3~5 组，对侧亦然。

注意事项：使臀大肌有充分拉伸的同时不能造成腰椎的压力。

（十二）臀部拉伸——梨状肌（见图 4-12）

动作要领：仰卧于垫上，将拉伸一侧腿抬起屈膝，脚踝置于异侧腿膝关节处，双手抱住异侧腿的大腿位置，用力拉向躯干的方向。

图 4-12 臀部拉伸——梨状肌

训练方法：当目标肌肉有中等程度的拉伸感时，保持静力性收缩 10~30 秒，顺畅呼吸不憋气，重复 3~5 组，对侧亦然。

注意事项：拉伸时避免肩部前伸过多，尽量拉向躯干，躯干尽可能接触地面。

（十三）下肢拉伸——内收肌群（见图 4-13）

动作要领：上身挺直，屈腿坐于垫子上，脚掌相对，双手放于膝盖处下压。

训练方法：当目标肌肉有中等程度的拉伸感时，保持静力性收缩 10~30 秒。顺畅呼吸不憋气，重复 3~5 组。

注意事项：双腿屈膝坐位时，双脚尽量靠近髋部。

图 4-13　下肢拉伸——内收肌群

二、动态拉伸

（一）臀大肌拉伸（见图 4-14）

动作要领：运动员呈基本站立姿势，开始时双手抱右腿后尽力向上拉至胸部，躯干保持正直，保持 3 秒后腿下落，双腿交替进行。

训练方法：练习时目光找准参照物，保持身体平衡。

注意事项：在运动过程中避免出现身体左右晃动。

（二）臀中肌拉伸（见图 4-15）

动作要领：运动员呈基本站立姿势，开始时一手抱着膝关节，一手抱着踝关节，将大腿外旋，躯干保持正直，保持 3 秒后腿下落，双腿交替进行。

图 4-14　臀大肌拉伸

图 4-15　臀中肌拉伸

训练方法：练习时目光找准参照物，保持身体平衡。

注意事项：运动过程中避免出现身体左右晃动。

（三）股四头肌拉伸（见图 4-16）

动作要领：以右腿为例，向前迈步后，右手握住右侧脚背部位，双腿并拢，保持髋部平直后左侧踮脚尖，保持此姿势 3 秒，然后换另一侧，动作相同。

训练方法：双腿交替进行，每条腿练习 5~6 次。

注意事项：动作幅度逐渐增加，注意运动员个体差异，区别对待。

图 4-16　股四头肌拉伸

（四）内收肌拉伸（见图 4-17）

动作要领：运动员呈基本站姿，开始时一侧腿向侧方向迈出后，双侧脚尖朝前，臀部后坐，双手水平伸出，保持此姿势 3 秒，随后站立开始另一侧。

图 4-17　内收肌拉伸

训练方法：进行 2~4 组练习，每组练习 5~6 次。

注意事项：动作幅度逐渐增加，训练中注意运动员个体差异，区别对待。

（五）腘绳肌群拉伸（见图 4-18）

动作要领：以右侧臀部拉伸为例，运动员呈基本站立姿，向前迈出一左腿弯曲后右腿伸直，保持勾脚尖状态，双手摸脚尖后保持 3 秒，然后还原一侧，动作相同。

训练方法：双腿交替进行，每条腿练习 5~6 次，每次动作保持 4~6 秒。

图 4-18　腘绳肌群拉伸

（六）综合拉伸（见图 4-19）

动作要领：以右脚在前为例。上体保持正直，一脚向跨出一步，成直弓箭步，左侧手着地，右侧屈肘下压于脚跟内侧，保持 3 秒；右侧手臂向上方翻转，同时带动脊柱，直臂外展，指尖向上，与支撑手臂成直线。头部转动看上举手臂指尖，保持 3 秒。双手撑地将身体推起，双腿伸直，勾脚尖，拉伸前腿后肌群，保持 6 秒；屈膝成弓步，还原成站立姿势。

训练方法：双腿交替进行，拉伸 4~6 次。

注意事项：动作幅度逐渐增加，可先进行分解拉伸练习。

图 4-19 综合拉伸

三、高尔夫球运动的热身准备

高尔夫球运动有着特殊的热身准备，可以作为训练前或赛前的热身活动，也可以作为力量训练的快速热身准备。一般分为六个部分：静态拉伸——臀部激活——动态拉伸——利用高尔夫训练杆或球杆进行拉伸——练习场的击球练习——练习果岭的切杆或推杆练习。这些练习的主要目的是通过热身活动激活运动员的关节、肌肉、韧带，尤其是激活臀部肌群和核心肌群，增加肩带肌肉柔韧性，以便在上杆时获得更好的稳定性，同时还能锻炼上臂肌肉，增加击球距离，改善综合体能。此外，也能提高下场时身体的适应性，使运动员更快投入比赛，降低差点，并预防受伤。

（一）风车式（见图 4-20）

动作要点：将两只手臂完全向后伸并感到肩胛骨有拉伸感。一只手臂

从斜后方向上伸，同时另一只手臂从斜后方向下伸。每个动作保持 2 秒，之后换另一侧重复此动作。每侧重复此动作 15 次。

注意事项：保持头部在肩上方，微收下颌。向后收紧双臂，而不是挥臂。为避免双肩有疼痛感，双肩不要收得过猛。

图 4-20　风车式

（二）上半身旋转（见图 4-21）

动作要点：在保持骨盆不动的情况下控制上半身的动作，且头部保持不动。双脚并拢并将球杆置于双肩上。如果肩部有痛感，则将球杆置于胸前并向后拉手肘。保持这个姿势，向右侧转动双肩，然后向左侧转动。如果发现自己平衡能力较差，可以在较为僵硬的那侧坚持 2 秒。每侧重复此动作 20 次。

注意事项：在做整个动作的过程中，脸部和腹部始终朝向前方，二者必须保持不动。在重复做每个动作期间，都要有控制地连续流畅拉伸僵硬部位。如果腰部有拉伸感，则说明训练者拉伸过猛，没有控制好骨盆的位置。

（三）下半身旋转（见图 4-22）

动作要点：固定住躯干和头部，有控制地流畅完成骨盆和髋部运动。

图 4-21　上半身旋转

双脚并拢直立，将球杆置于双肩上，如果肩部感到疼痛，可将球杆置于胸前，向左侧和向右侧转动骨盆。如果发现两侧骨盆不平衡，则在感到僵硬的一侧坚持 2 秒。每侧重复此动作 20 次。

图 4-22　下半身旋转

注意事项：每次动作时都要有控制地连续流畅拉伸僵硬部位。如果腰部有拉伸感，则说明训练者用力过猛，可以少用些力。要始终保持双肩和头部不动。

（四）站姿提膝（见图 4-23）

动作要点：单腿站立，拉伸被拉伸腿的臀部肌肉，并激活支撑腿的臀部肌肉。双脚并拢站立，将一侧膝盖抬得越高越好。用手抓住小腿，并朝另一侧肩部处抬升膝盖和胫骨。在收紧负重腿的臀部肌肉时保持平衡，并保持此动作 1 秒，然后将腿放下。抬起另一条腿，重复此动作，每侧重复 10 次。

注意事项：在整个动作中，尽量挺直脊柱。有控制地流畅完成抬腿动作。

图 4-23　站姿提膝

（五）宽握挥杆到全挥杆（见图 4-24）

动作要点：流畅地使用全身动作来完成绕髋旋转。双手握住铁杆的两端，以打高尔夫球的姿势站立，想象脚下有球并盯住它。上半身摆出起杆姿势，将上半身旋转到向后挥杆位置的 3/4 处时，注意重心向后脚和髋部转动，后脚有意识地蹬地发力，同时将力量转移到前脚，上半身尽最大限度地向前脚方向旋转，再迅速转回到起杆姿势。右手重复挥杆动作 15 次，然后左手重复挥杆动作 15 次。进行 3~5 次常规握把挥杆动作，在下一个动作开始前，在前一个动作上多坚持一会儿。

注意事项：保持动作流畅，没有间断，但注意不要滑动髋部，而是转动髋部。上手臂尽量放松，感受挥杆时的发力，挥杆时双臂保持平直。

图 4-24　宽握挥杆到全挥杆

（六）拉伸腰部肌肉（见图 4-25）

动作要点：分开双脚站立，将加重挥杆练习球杆放在股四头肌上。缓慢将背部向上弓起。恢复到初始时的姿势。拉伸腹肌，并使颈部处于中正状态。增强腰部柔韧性有助于缓解与高尔夫挥杆相关的背部疼痛。

注意事项：动作不要过快。

图 4-25　拉伸腰部肌肉

（七）拉伸臀部屈肌（见图 4-26）

动作要点：握住配重训练杆，将杆面头对着自己。一只脚向后跨出一大步，脚后跟提起。将臀部转向前方，弯曲后膝，降低躯干。缓慢地恢复到初始位置，然后用另一只脚重复这个练习。

注意事项：让膝部一直处于踝关节上方。拉伸股四头肌和臀部屈肌可以增加臀部转动的灵活度，为下杆击球增加力量。

图 4-26　拉伸臀部屈肌

（八）拉伸肩部肌肉（见图 4-27）

图 4-27　拉伸肩部肌肉

动作要领：双脚分开站立，与肩等宽，将臀部转向前方，双手分别抓住配重练习球杆的握把及杆头，在面前成逆时针转动，形成良好的拉伸作用。缓慢恢复到初始位置，然后重复这个练习。

注意事项：保持肩部放松。柔韧的肩关节有利于上杆到顶点时维持身体的平衡性。

（九）拉伸肱三头肌（见图 4-28）

动作要领：双脚分开站立，双脚之间的距离与肩等宽，将臀部转向前方，双手分别抓住配重练习球杆的握把及杆头。释放杆头，缓慢将球杆降到身体后面。另一只手抓住杆头，然后缓慢地将其往下拉动，形成良好的拉伸。放开杆头，然后交换另一只手进行拉伸。

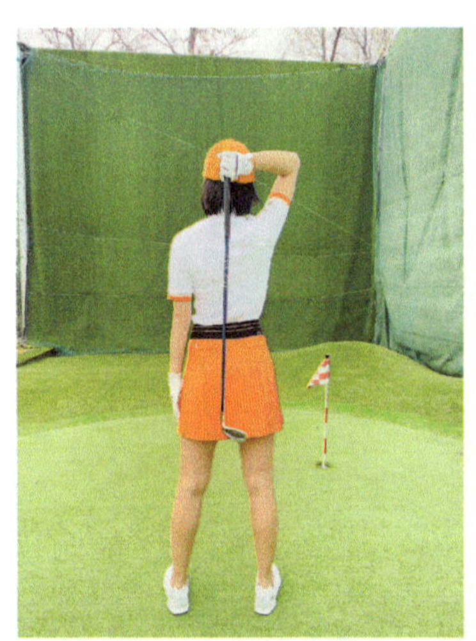

图 4-28　拉伸肱三头肌

注意事项：挺直背部，不要弓起，颈部保持中正姿势。柔韧性良好的肱三头肌可以让上杆时挥杆平面更陡。

（十）拉伸胸肌（见图 4-29）

动作要领：双脚分开站立，与肩等宽，将臀部转向前方，双手后伸在背后，分别抓住配重练习球杆的握把及杆头。缓慢做扩胸运动，将双臂后伸，然后稍稍向上抬起。恢复到初始时的姿势。

注意事项：背部挺直，不要弓起，保持肩部放松。

图 4-29　拉伸胸肌

（十一）拉伸躯干肌肉（见图 4-30）

动作要领：双脚分开站立，与肩等宽，将臀部转向前方，双臂伸展到与肩等高，双手分别抓住配重练习球杆的握把及杆头。缓慢转动躯干，臀部保持静止，形成良好的拉伸作用。缓慢地恢复到初始位置，然后切换到身体另一侧，重复这个练习。

图 4-30　拉伸躯干肌肉

注意事项：背部挺直，不要弓起，让头部随着臂部转动而转动。躯干上部的柔韧性有助于完全挥杆。

（十二）拉伸小腿肌肉（见图 4-31）

动作要领：双手拄杆，将配重球杆拄在身体前面，让杆头对着自己，将一只脚后退。缓慢弯曲前腿膝部，身体稍微前倾，将脚后跟放在地面上。保持这个姿势，坚持 15 秒钟，然后交换到另外一只脚，重复同样的动作。

注意事项：保持双膝微弯，背部挺直，不要弓起。强健的小腿肌肉有利于增加下杆时击球的力量。

图 4-31　拉伸小腿肌肉

（十三）举杆侧弯，拉伸躯干肌肉（见图 4-32）

动作要领：双脚分开站立，与肩等宽，将臀部转向前方，双手分别抓住配重练习球杆的握把及杆头。将挥杆训练器高举到头顶上。稍稍拉伸膝部肌肉，从腕部慢慢弯曲，形成良好的拉伸作用。缓慢地恢复到初始位置，然后切换到身体另一侧，重复这个练习。

注意事项：背部挺直，不要弓起。臀部不要向外翘起，颈部保持中正姿势。

图 4-32　举杆侧弯，拉伸躯干肌肉

第三节　高尔夫球运动的速度训练

一、速度训练的概念

速度是指人体进行快速移动的能力，从生理学角度讲，速度是指肌肉工作时，用最短的时间完成动作的能力。它包括对各种刺激快速反应的能力、快速完成动作的能力和快速移动的能力三个部分。

速度素质一般分为反应速度、动作速度、位移速度三种。高尔夫球运动是沿人体纵轴进行的一种旋转运动。挥杆时，必须将身体视为一系列的运动链系统，唯有妥善运用身体各关节所产生的动力连接，才能够在高尔夫挥杆动作中发挥出理想的挥杆效益和杆头速度。高尔夫球运动主要涉及动作速度。动作速度是指人体完成单个或整套动作的速度，是技术不可缺少的要素。动作速度主要表现为人体各部位完成各种单个或成套伸展、挥摆、抬转、击打、蹬伸、屈伸、踢踹等动作的快慢，以及在单位时间里完成单个动动作时重复次数的多少，也称动作频率。动作速度又分为单个动作速度、成套动作速度及动作频率三种。动作速度还可以分为瞬间速度和角速度等，动作速度寓于某一个具体的动作之中，根据运动项目的技术要求，在动作速度训练中，动作速度训练的练习任务和内容也不同，具体取决于快速完成具体动作的熟练程度、协调性、快速力量和速度耐力水平等。因此，可将动作速度训练分为专门性动作速度训练和专项技术动作速度训练。在高尔夫球体能速度训练中，应多以促进挥杆速度的练习为主，同时也要进行一些反应速度和位移速度的练习，以刺激神经系统对速度的反应和记忆。

二、速度素质训练方法

（一）反应练习

（1）听口令的起动加速跑。

慢跑中听口令后突然加速冲跑 10 米，反复进行。

（2）原地小步跑或高抬腿跑接加速跑。

①做原地或行进间的小步跑或高抬腿跑，听到口令后突然加速冲跑 10~20 米，反复练习。以上练习一般每组练习 3~5 次，重复 2~3 组，组间休息 5 分钟。

②蹲踞式或站立式起跑 20~30 米。组数及每组次数根据运动员水平而定，组间休息 5 分钟。

（二）动作速度

（1）原地摆臂练习、听口令、击掌或节拍器摆臂。

两脚前后开立或呈弓箭步，根据口令、击掌或节拍器节奏做快速前后摆臂练习 20 秒左右，节奏由慢至快，快慢结合。摆臂动作应正确、有力，重复 2~3 组，间歇 2 分钟。

（2）原地站立，听口令后做高抬腿 15~30 秒，大腿抬至水平，上体不后仰。可重复练习 4~6 次，间歇 5 分钟。

（3）仰卧，两腿快速交替做高抬腿练习 10~15 次，每组重复 4~6 组。

（4）利用高尔夫训练杆或球杆进行空挥杆速度练习 10~15 次，重复 4~6 组，间歇 2 分钟。

第四节　高尔夫球运动的力量训练

力量训练对于高尔夫球运动员有着极其重要的作用，运动员在完成挥杆动作时，需要展现力量素质。力量训练被定义为对抗适当阻力的协调训练，力量的产生受神经、肌肉、生化反应过程、组织结构和生物力学因素的控制，并且这些因素相互间深度作用。神经系统对特定的任务要求做出反应，并控制肌肉募集的指令和顺序。大脑不能识别个别肌肉，但它能识别动作模式，因此，我们必须训练这些动作模式，而不是训练某块肌肉。最早对力量训练产生适应性作用的是神经系统，一般表现在发力速率的提高、运动单位募集程度的增加和协调同步作用的改善等方面。

一、力量训练的分类

力量训练分为一般力量、专门力量、专项力量 3 种类型。

（一）一般力量

发展一般力量的练习主要专注于力量的大小，它们的特点是练习动作速度较慢、力量较大。

（二）专门力量

这类力量练习的目的是将一般力量转化为专项力量。它们是一些与专项动作类似但不相同的动作，而且它们将动作与阻力以及各种技术动态地融合在一起。奥林匹克力量举、药球练习、阻力绳练习和快速伸缩复合训练就适合设计成这种类别的力量训练。专门力量训练非常注重发展力量，但速度更加突出，它比一般力量练习更接近专项。

（三）专项力量

专项力量练习的特点是这些抗阻练习动作被设计成模仿专项技术的动作。专项力量训练在力学原理、技术，尤其是速度方面有高度的专项化。这种训练会最高程度地把力量转移到专项上。

专门力量和专项力量都是一种功能性的力量。专项力量训练专门针对所从事项目的技术动作。

二、力量素质训练要求及注意事项

根据运动员的力量基础以及掌握具体技术的需要，应将运动员机体局部力量和整体力量训练、大肌肉群力量和小肌肉群力量训练结合起来进行，科学地安排和调整运动负荷。例如，绝对力量的训练需要采用强度大、重复次数少的练习法，对速度力量的训练要求运动员在最短的时间内发挥出最大的力量，可采用中等重量、快速、较多次数的练习法。对耐力力量的训练则宜采用负荷强度小、重复次数多的练习法。

进行力量训练时，要与其他性质的练习交替进行，以防止肌肉僵化，提高肌肉弹性，可结合一些训练项目进行交替练习。

紧密结合专项力量，进行力量训练。力量训练不能脱离专项力量训练的要求，因此要紧密结合专项力量训练，并选择合适的力量训练手段，有时甚至可以模仿高尔夫专项力量训练的部分要求把动作分解后再练。腿力不好的高尔夫球运动员可重点练腿力，核心力量不好的运动员则应增强腰腹部力量的训练，挥杆力量不大的运动员可以选择负重挥杆，而不能完全套用纯力量训练的方法。需要重视脊柱力量、核心力量、腰背力量的训练，同时还应针对影响专项成绩的关键力量、高尔夫项目容易受伤的身体部位（如腰、膝、肩和手腕等），以及运动员专项力量的薄弱环节进行重点训练，只有这样，运动员才能在高尔夫球运动中取得好成绩。

要重视准备活动、休息及恢复。在训练前，要做好准备活动，对于重点部位要格外重视；训练后还要认真进行恢复，身体的恢复是训练的重要组成部分，恢复不仅有助于预防伤病、消除疲劳，还可以提高训练的质量和效率，使运动员能够应对更大的训练负荷。恢复内容可以安排在任何时间，但通常安排在大强度训练课后。在高水平的训练中，教练员和运动员必须足够重视恢复，将它作为训练的一部分，而不是一个附加部分。恢复可以采用休息、积极休息、恢复措施或恢复性训练的形式。恢复性训练可以帮助运动员在生理上和心理上解决大量训练和比赛导致的身体和心理上的疲劳，有效加快运动员机体的恢复。

高尔夫球运动主要运用的身体肌肉群包括整个上肢肌肉、下肢肌肉、核心肌群，具体包括竖脊肌、腹直肌、腹内斜肌、腹外斜肌、前锯肌、背阔肌、三角肌、臀大肌、臀中肌、股四头肌、腓肠肌等，对不同肌群所使用的训练方法各有不同。在训练中，运动员的整体肌肉力量达到了较高的水平后，就要更多地进行合理的核心力量训练，通过发展核心力量，提高身体姿态的稳定性，提高成绩的同时预防伤病。

三、上肢力量训练方法

（一）俯卧撑练习

要求：两手撑的位置靠近腹部，身体保持在一个平面，支撑快起、慢落，身体不要塌腰，每组 10~15 次。

（二）立卧撑练习

要求：做俯卧撑时，身体不要接触地面，撑起的同时收腹站立，其他和俯卧撑要求相同，每组 10~15 次。

（三）举哑铃练习

要求：两脚自然站立，上体正直，挺胸抬头，两臂屈臂快举、慢落。下落时两肩打开，每组 10~15 次（重量适宜）。

（四）哑铃扩胸练习

要求：两脚自然站立，上体正直，两臂平举，伸直扩胸，身体不要前后晃动，每组 10~15 次（重量适宜）。

（五）哑铃臂屈伸练习

要求：两臂同时或交叉进行，上体保持正直，每组 10~15 次（重量适宜）。

（六）杠铃挺举练习

要求：两脚开立，与肩同宽，提拉翻腕时，肘关节向前方抬起，挺举时可以并步或跨步挺，每组 10~15 次（重量适宜，注意安全）。

（七）杠铃抓举练习

要求：两脚与肩同宽，两手握杠宽于肩，提拉同时迅速翻腕、后伸顶肩举起，每组 5~10 次（重量适宜）。

（八）杠铃卧推练习

要求：两手握杠稍宽于肩，推时快起、慢落，每组 10~15 次（重量适宜，保护帮助完成）。

（九）引体向上练习

要求：双手正握杠，握杠的宽度与肩同宽即可，身体不要左右摆动，每组 10~20 次。

（十）双杠臂屈伸练习

要求：选择低双杠，练习时身体与地面保持垂直，每组 5~10 次。

（十一）双杠支撑摆动练习

要求：低杠进行，支撑摆动时两臂直臂摆动，身体摆动高度超过杠面即可，每次摆动 10~15 次（注意安全）。

（十二）组合器械练习

要求：利用组合器械发展上肢力量练习，根据身体素质情况分组，练习次数保持在 10~15 次均可。

（十三）角力练习

要求：两人一组，分别站在横线后，双方可以推拉，迫使对方失去平衡，如有一方有一只脚离地就算失败，两手交换进行。

（十四）抛投实心球练习

要求：练习时认真，合理分组，注意安全，每组 20~40 次。

（十五）推小车游戏练习

要求：两人一组，推车人不要用力向前推，或左右拖拉，每次练习的距离不要太长，10~15 米即可，速度也不要求一致，可多轮换。

（十六）横绳拔河练习

要求：画三条间隔 3 米的平行线，准备粗绳一根，运动员分成两组，双方力争把绳拉过背后 3 米线，先到者为胜。

（十七）抓空拳

作用：发展手的抓握力量。

要求：两手五指自然分开，然后用力由五指开始向手心慢慢用力抓握成拳，反复多次，感到手酸抓不住为止。

（十八）支撑倒立

作用：锻炼肩部肌群。

要求：两手撑地，后脚跟靠墙做手倒立。倒立时直臂、顶肩，保持身体直立、紧张，尽量延长时间，可有人配合、扶持。

（十九）哑铃直臂扩胸

作用：锻炼胸大肌、三角肌、斜方肌。

要求：两脚开立与肩同宽，身体直立，手持哑铃成前臂前平举，两臂分开向后扩胸到最大限度，还原成前平举姿势，上体尽量不动。

（二十）哑铃直臂上举

作用：锻炼上臂肌三角肌。

要求：两脚开立与肩同宽，身体直立，两手持哑铃于体侧经体前上

举，然后经体前落下，上体尽量不动。

（二十一）哑铃侧平举

作用：锻炼三角肌、斜方肌。

要求：两脚开立与肩同宽，身体直立，两臂下垂，手持哑铃直臂向上侧平举后落下还原。

（二十二）杠铃、哑铃屈臂

作用：锻炼肱二头肌、肱肌等。

要求：两脚开立与肩同宽，身体直立，两臂下垂反握杠铃或哑铃，上臂固定于体侧，小臂向前屈举，尽量靠近胸部落下。

（二十三）杠铃推举

作用：锻炼肱三角肌、胸大肌、三角肌。

要求：两脚开立与肩同宽，两手握杠翻握于颈前或颈后，用力向上推举至两臂伸直。推举宽握有利于发展胸大肌、三角肌，窄握有利于发展肱三头肌。

（二十四）屈体斜拉杠铃

作用：锻炼背阔肌。

要求：两脚开立与肩同宽，身体前屈，两臂下垂，手握杠铃用力提拉杠铃到腹部，并经胸前向前斜下方推送至原位，尽量靠近身体，下推时杠铃触地。这些锻炼方式都可以加强上肢的力量，要注意的是，在利用器械进行锻炼的时候，一定要有人在身边进行保护，以免锻炼过程中发生疏忽而导致严重的后果。

四、下肢力量训练方法

（一）负重提踵（背负着重物提脚尖）

要求：向上提踵时要爆发，迅速向上提，在最高点定 1~2 秒，然后慢慢下落。

（二）蛙跳

要求：在水泥地跳，在沙地或小腿承重情况下练习。

（三）负重深蹲

要求：根据个人能力，扛着杠铃，做深蹲，和提踵一样，快起慢落，腰挺直。

(四）拉跟腱

要求：利用台阶，脚尖站在上面，和提踵一样，使劲向上顶，然后慢慢落下，落下时脚后跟一定要尽量碰到地。

五、核心力量训练

核心力量训练是高尔夫球运动体能训练的重中之重，核心力量是指身体核心部位肌肉的控制力和爆发力，核心部位肌肉包括腰腹部肌群和背部肌群，以及下肢连接骨盆区域的交叉肌肉，由这三个部分肌群综合组成的区域统称为身体核心部位。加强来自核心部位的力量训练是运动训练中经常安排的训练任务，并要求达到良好的效果。强健的躯干可以将力量有效地从双腿传递至上半身，还可以支撑身体承受力量而不会受到损伤。

核心力量训练方法如图 4-33 至图 4-44 所示。

图 4-33 对侧支撑伸展

图 4-34 俯卧平板支撑

图 4-35 侧卧平板支撑

图 4-36 仰卧撑桥

图 4-37　侧卧提臀

图 4-38　仰卧单车

图 4-39　十字交叉

图 4-40　俯卧抬腿

图 4-41　转体动作

图 4-42　持球弓箭步转体

图 4-43　腹背起

图 4-44　仰卧空蹬自行车

使用综合器械进行的力量练习包括：单、双足站立于平衡球上，做各种上肢持轻器械举、推、拉，下蹲，躯干扭转等多种形式的练习；坐于瑞士球上做各种形式的练习；等等。核心力量训练的关键在于训练时练习者是在躯体处于一种不平衡、不稳定的状态下进行的，或者练习者使用的器械是不固定，必须使用练习者自行控制的器械，如平衡球、瑞士球、平衡板等非平衡性力量练习手段（如图 4-45 所示）。

图 4-45　非平衡性力量训练

六、能量传递、技能执行的运动记忆

高尔夫球运动需要运动员身体各个部位的协调、平衡和流畅的重心转移。该运动需要神经系统提供精准移动身体的信息，并在连续和流畅的挥杆中收缩和放松肌肉。人类都有相同的基本身体结构，但有些人可以在运动中更有效地运用个别神经系统的感知能力，这些人就是常说的天才运动员，他们擅长运动，因为他们能够重复进行高度协调的序列运动；他们比其他人更擅长以某种方式整合这些神经系统的信息。在高尔夫球运动中，高效有力的挥杆、协调能力和挥杆次序比单纯的力量重要得多。

连续进行挥杆次序和运动训练，身体活动和肌肉收缩的反应会变得更加积极和快速。结合我们所提出的核心力量、躯干、髋部和双腿的训练，通过加强运用连续挥杆次序的训练，运动员可以在正确姿态下产生更大的力量，在更短的时间内通过球杆传递更大的力量，产生更大的杆头速度和获得更远的击球距离。

运动是由神经系统控制一系列肌肉收缩，受运动学习路径的指引和关节的控制而产生的结果。有目的的运动依赖于所有调控肌肉长度和张力的

机理之间的亲密互动交流。为了保持平衡，中枢神经系统会处理来自四大基本感知分析系统，即躯体感觉系统、前庭系统、视觉系统和听觉系统的信息。

躯体感觉系统旨在保持身体平衡，传递有关身体部位彼此之间的移动方向和支撑平面的信息，控制如何移动身体重心和身体部位，包括本体感受器和触觉感受器的细胞或器官。本体感受器是遍布全身肌肉、韧带、关节和结缔组织的接收器，它们不仅使我们了解哪些身体部位互相关联，哪些部位与外部环境有关联，而且使我们知道这些身体部位是如何快速移动的以及可能的运动方向。一些接收器反应迅速，启动它们不需要太多的压力或动作；另一些接收器反应比较慢，需要更多持续的张力来对系统产生作用。触觉感官会影响运动和姿态。例如，在做站位准备时，双脚的触觉感官会向中枢神经系统提供关于每只脚以及两脚之间所承受重力的分布，它们不仅是身体静态和身体摆动等重要信息的来源，而且在动态和功能运动期间起到重要作用。

位于内耳的前庭系统增加了躯体感觉系统、触觉系统和视觉系统的信息输入，它的作用可以在脑干和小脑的作用功能中了解到。睁眼的时候可以成功地应对挑战，闭上双眼进行练习也可以感受到这个保持平衡的前庭系统。更加准确地移动身体时，周边视觉可以起到帮助作用，在挥杆时专注点集中在杆头上。挥动球杆的嗖嗖声可以在训练后期用作击球时的微调“加速器”。

通过训练使多种感官提供尽可能多的感官数据。在训练时要尽可能多地从这四大系统中获取神经信息。进行高尔夫球运动时的站位、挥杆、击球，能够刺激双脚、小腿和后背上更多的神经末梢，它们可以帮助运动员更好地控制身体摆动和运动。

运动员在训练时可以采用有弹性的拉力绳进行训练。拉力绳的阻力带来感官输入，但是只有拉力绳对身体施加压力时才会刺激触觉感受器，促使达到理想的运动效果。这类训练需要精准地控制身体部位，质量胜过数量。信息处理和反馈对可复制的挥杆动作是很重要的。

高尔夫球运动要求运动员同时在所有主要平面内控制身体：矢状面（前屈和后弯）、额状面（两侧弯曲）、横断面（旋转）。身体转动是需要掌握的最重要的一个平面运动，因为高尔夫球运动主要是一项旋转身体的运动：重心发生移动，同时使用了几个轴心——肩部、手腕、脊柱、髋部、双腿和双脚。所以，在所有的训练中，在转动身体，重心开始远离，然后转向击球目标时，旋转力被运用和叠加在其他动作上作为阻力，或协助身体获得打高尔夫球所需的准确控制力。

在高尔夫球训练中，我们要了解能量传递、技能执行的运动记忆的重要性，将柔韧性练习、力量练习、耐力练习、速度练习及高效有力的挥杆、协调能力和挥杆次序的练习有机结合起来。只有进行注重能量传递、技能执行的运动记忆训练，才能达到事半功倍的效果。

七、几种常见的器械训练举例演示

选择适宜的负荷量，最好采用 10 负荷原则，主要发展速度力量，每组 10~15 次，一般要练习三组，要快起慢下，负重后要练习高速冲拳或高抬腿跑，保持动作的运动频率。在个人进行的专项身体素质练习时，采用组合器械练习是比较安全的，可行性和实用性都很高（见图 4-46 至图 4-56）。

图 4-46　俯身三头肌屈伸 1

图 4-47　俯身三头肌屈伸 2

图 4-48　杠铃平板卧推 1

图 4-49　杠铃平板卧推 2

图 4-50　杠铃平板卧推 3

图 4-51　高脚杯式深蹲 1

图 4-52　高脚杯式深蹲 2

图 4-53　跪姿绳索伐木 1

图 4-54　跪姿绳索伐木 2

图 4-55　跪姿绳索伐木 3

图 4-56　跪姿绳索前推抗旋 1

图 4-57　跪姿绳索前推抗旋 2

图 4-58　蝴蝶机夹胸 1

图 4-59　蝴蝶机夹胸 2

图 4-60　站姿哑铃弯举 1

图 4-61　站姿哑铃弯举 2

图 4-62　坐姿高位下拉 1

图 4-63　坐姿高位下拉 2

图 4-64　坐姿水平划船 1

图 4-65　坐姿水平划船 2

高尔夫球运动专项力量训练要加强腰、背、手臂（特别是三角肌和肱二头肌）力量练习，并且同步发展小肌肉群，增强身体控制能力，使运动员具备良好的平衡、协调能力。高尔夫球运动是一项比较敏感的运动，要求感觉细腻，空间感、位置感好，肩和腰等部位的柔韧和活动范围都要比较好。

第五节　高尔夫球运动的耐力训练

耐力素质是指运动员的带氧能力，人只有在大脑供氧充足的情况下才能保持良好的判断力和专注力。高尔夫球比赛需要运动员保持 4 个小时左右的精神高度集中，并正确地判断环境因素，具备球路选择能力。这就需要运动员具有很好的有氧能力，以保证长时间的良好运动表现。

耐力素质是人体坚持长时间运动的能力，高尔夫球比赛需要进行很长的时间，运动员要在比赛的全过程中保持特定的运动强度和动作质量，就必须具有良好的耐力素质，包括有氧耐力、力量耐力、无氧耐力。耐力训练常用的方法有持续训练法和间歇训练法。持续训练法强度较小，心率控制在145~170次/分钟。持续时间不少于20分钟，练习方法如匀速持续跑、越野跑、变速跑、法特莱克跑等。

间歇训练法负荷强度较大，心率可达170~180次/分钟，要求机体尚未充分恢复、心率恢复到120次/分钟后即可进行下组练习。

第六节　高尔夫球运动的技术素质训练

高尔夫球技术是高尔夫球运动发展中的三大要素之一。素质是基础，技术是关键，高尔夫球运动对技术要求很高，运动员在训练时要认识高尔夫核心技术原理。

一、高尔夫球核心技术原理

（一）挥杆击球的技术原理

高尔夫球运动挥杆击球的能量来源于挥杆过程中的离心力，其基础是流畅的挥杆和合理的挥杆平面。

（二）挥杆是双支点运动

高尔夫球运动在上杆和下杆过程中遵循双支点能够合理发挥身体的综合效果，重心的转移会为挥杆带来重要能量的规律，在此过程中上杆和下杆分别用两个不同的脚来支持（特殊打法除外）。以右手击球为例，上杆时是右脚支持，下杆击球时是左脚支持，如果顺序不正确，球的飞行就会出现异常。

（三）上杆与下杆的合理顺序

为了能够发挥身体的能量，在上杆和下杆时重心的转移是难点，根据身体形态可分为上部、中部、下部，上杆旋转时的顺序是上、中、下，而下杆过程应该是下、中、上，这样会带来更大的扭力，为杆头带来更大的挥速，这是挥杆击球的关键要素之一。

二、技术训练的基本要求

（一）技术训练要做到全面、实用、熟练、准确

技术的全面、实用、熟练、准确是相互联系、互为条件的，在技术训练中要全面贯彻实施。

技术全面是指运动员要全面掌握组成高尔夫球运动的各项技术，包括对木杆、铁杆、挖起杆、推杆等技术的有效掌握。

技术实用是指技术训练要切合实际，符合比赛的要求，切实提高运动员在疲劳、困难的情况下运用技术的能力。

技术熟练是指技术训练达到一定水平时能熟能生巧，随机应变，有创造性技术的出现。

技术准确是指技术训练要按正确的方法、要领进行，以达到正确的技术规格要求。

（二）基本技术训练要贯穿训练的全过程

基本技术是高尔夫球运动的基础，只有基本技术过硬，才能掌握高难度的技术，很好地完成比赛，运动员的运动技术水平才能上一个台阶。

（三）要考虑运动员的个人特点

技术训练要考虑运动员的个人特点，因人而异地提出不同的技术动作要求。因为每名运动员在身体机能、体能素质、心理上存在不同，在进行技术训练时，不能刻板地按照一个标准进行，应使训练更加符合每名运动员的实际，这样才能扬长避短，充分发挥每名运动员的技术特点，才能在比赛中取得好的成绩。

（四）合理安排技术训练的时间

合理安排技术训练的时间的方法有两种：集中训练和间隔训练。在具体选择时应考虑两个基本点，即训练的任务和技术的复杂性。

（五）技术训练与体能训练的有机结合

高尔夫球运动技术训练是完成高尔夫击球动作训练的方法，也是决定高尔夫球运动员竞技能力水平的重要因素。合理正确的运动技术，符合击球原理的要求，有助于高尔夫球运动员取得优异成绩。同时，进行系统、科学的体能训练，可以对高尔夫球运动员起到良好的促进作用，有利于运动员能力提升，让其技术充分发挥作用。在训练中，我们要把技术训练与体能训练有机统一起来，合理安排，相互促进。

高尔夫球技术是高尔夫球运动发展中的三大要素之一。素质是基础，技术是关键。运动员技术的正确定型和运用能力非常重要。高尔夫球运动的技术练习主要包括练习场练习和下场练习。练习场练习主要是针对基本的挥杆技术进行的专门练习，可采用大量的练习球和重复练习方法来学习和巩固各种挥杆技术，这是高尔夫球运动技术练习的重要内容。练习场练习又分为打击垫练习、真草练习和模拟器练习。打击垫练习由于缓冲较好，能够使打得较差的球也表现出较好的飞行效果，但不能反映出挥杆技术的真实水平。在打击垫练习较为稳定的前提下，如有条件，可进行真草击球练习，使挥杆与击球更接近实际球场情况。在练习场练习较为成熟的前提下，可进行室内模拟器练习或下场实际进行练习。通过下场练习，可以发现技术和心理多方面的不足，再回到练习场进行专门练习，然后再采用下场练习与练习场练习兼顾的模式。在工作和学习较繁忙的时候，有空可多进行练习场练习。在北方，冬季是进行练习场练习的主要季节，有条件的可多进行室内模拟器练习。

三、技术训练的注意事项

（一）准备必要的运动着装

练习场练球的着装可适当自由些，要求没有下场打球那么高，但是从运动安全与舒适方面考虑，还是要穿运动装。鞋子应该穿高尔夫专用鞋，一方面是由于高尔夫击球过程有大量的重心转移，要求运动员做单脚支持动作，专业高尔夫鞋对脚具有良好的保护与支持作用；另一方面，脚也要适应高尔夫鞋，避免下场击球时不适应，要形成整体的动力定型。

（二）准备活动要充分

在练习击球前，应该做好充分的热身，保证关节与肌肉充分活动开，避免拉伤。

（三）注意练习节奏

练习时先进行短杆小幅度空挥练习、全挥杆练习，然后进行短杆小幅度击球练习、短杆全挥杆击球练习，然后不断增加杆的长度进行练习。多做空挥杆练习。

（四）学会思考

高尔夫球运动是一项思维性的运动，击打 20~50 个球后就应该停下来分析、思考、总结一下自己动作技术的状况，如有问题找一下原因，不要

只是一门心思地击球而不考虑效果。

（五）学会合理运用标准技术动作与个人技术动作

高尔夫球运动对技术的要求较高，在练习过程中，要学会合理运用标准技术动作和个人技术动作，不要为了一时的击球效果而通过改变合理球位、不正常上杆等来追求击球效果，要自己分析出问题的原因或请教教练，进行科学合理的调整。

（六）注意放松

当能够适应大量击球后，在炎热天气练球时也要注意适当休息，休息时应摘下手套让手通风，并适当按摩，避免大强度地挥杆造成手背静脉瘀血。练习结束后要适当进行全身拉伸放松。

高尔夫球运动的心理训练

高尔夫球运动的心理训练是一种复杂的科学实践活动。作为高尔夫球运动训练的重要组成部分，心理训练与体能素质、技术、战术训练相结合，共同构成了现代高尔夫球运动的完整训练体系。心理因素对运动有着重要影响，与许多竞技项目不同，高尔夫球运动与其说是一场与别人的对抗，更像是一次自己与自己的较量，它需要足够的耐心和专注，可以锻炼一个人独立思考的能力，培养一个人积极进取的心态。有人形容高尔夫球运动的 18 洞就好像人生，障碍重重，坎坷不断，然而一旦踏上了球场，就必须集中注意力，独立面对比赛中可能出现的各种困难，学习如何通过缜密的思考做出正确的判断，从而找到解决方案，并独自承担一切后果。也许，常常还会遇到这样的情况：你刚刚还在为抓到一个小鸟球欢呼雀跃，下一刻大风就把小白球吹跑了；你才在上一个洞吞了柏忌，下一个洞你就为抓了老鹰而兴奋不已。在高尔夫球场上，短暂的领先并不代表最终的胜利，而一时的落后也不意味着全盘失败，只有凭借毅力坚持到底，才有可能成为最后的赢家。好的心理素质应该是：能独立处理问题，能调节情绪与心境，直面挫折，抵御压力，保持积极进取的心态去应对每一次挑战。因此，作为一名高尔夫球参与者或球手，需要重视平常及参加比赛时的心理训练。

第一节　高尔夫球运动心理训练的定义

高尔夫球运动的心理训练，是指通过训练手段和方法，有意识地对高尔夫球运动员的心理和个性特征施加影响，使运动员能够及时调整自己的心理状态，做好参加训练和比赛，争取在比赛中获得优异成绩的心理准备的训练过程。训练的根本任务就在于保持良好的竞技状态，为比赛时能够发挥出正常的训练技术和战术做保障。高尔夫球运动员的心理训练，是指根据高尔夫球运动的特点和运动员心理活动的规律，有目的、有计划地培养运动员在训练和比赛中所需要的心理素质，最终提高高尔夫球运动员调节心理状态、适应比赛的能力，以确保发挥最佳竞技水平。

一、心理训练的分类和任务

高尔夫球运动员的心理训练可分为一般心理训练和比赛心理训练两类。

（一）一般心理训练

一般心理训练，是指在运动训练的各个阶段和比赛阶段都需要进行的心理训练，目的在于提高运动员完成专项运动所需要的心理素质。由于一般心理训练的时间较长，贯穿高尔夫球运动员的整个训练阶段，所以又称为长期心理训练。

一般心理训练主要包括以下内容：

1. 培养适合专项运动的良好个性特征

培养高尔夫球运动员具备适合专项运动的良好个性特征，在一般心理训练中有重要意义，它和高尔夫球运动员能否取得优异成绩有很大的关系。有些高尔夫球运动员具有较好的身体条件，但缺乏专项运动所需要的个性心理特征，所以虽经多年训练，仍然成绩不佳。

良好的个性特征能提高高尔夫球运动员的训练能力，取得较好的训练效果。例如，那些对高尔夫球运动具有浓厚兴趣的高尔夫球运动员，渴望提高自己的运动成绩并希望能在比赛中获胜，这类高尔夫球运动员在认知、情感和意志品质等各方面就具有较高的积极性。他们在训练和比赛中就会有较充分的心理能量储备，可以承受大运动量训练，能延迟体力和神经疲劳现象的出现，从而提高运动能力和训练效果。所以，在一般心理训练中，应把高尔夫球运动员的个性特征培养视为首要任务。

2. 不断完善专项运动所需要的心理品质

从心理过程来看，心理品质是高尔夫球运动员发挥智力水平的重要因素。高尔夫球运动员要合理地、完善地掌握运动技术和战术，并能在训练和比赛中充分发挥技术和战术水平，与高尔夫球运动员从事专项运动所需要的良好品质密切相关。

（1）改善知觉过程。要训练高尔夫球运动员，使其具有精确的肌肉运动知觉，使其具有准确控制各种动作和空间定向的能力。尤其应该注意提高对专项运动有重要意义的专门化知觉过程，如球类运动员的“球感”，投掷运动员的“器材感”等。因为这些专门化的知觉直接影响着运动技术动作的精确性和协调性，但专门化知觉的敏锐度与训练水平、情绪态度和疲劳程度有关，训练过程中应注意这些因素的影响。

（2）发展注意力。进行注意力稳定性、注意转移和注意分配训练，使高尔夫球运动员能在很短的时间内集中注意力于训练任务的完成。将注意力分配和集中于完成各种训练和比赛上的能力，使高尔夫球运动员能根据

训练和比赛任务的要求，较长时间集中于训练和比赛任务的完成。

（3）发展记忆、想象、形象思维。应使高尔夫球运动员在头脑中对动作的表现和概念有清晰的印象，能快速、准确地记忆动作，训练利用肌肉运动表现的能力，训练判断反应能力，使高尔夫球运动员能迅速分析临场情况的变化和解决困难等。

（4）稳定情绪、培养意志。加强情绪稳定性和适宜兴奋性训练，使高尔夫球运动员参加训练和比赛时学会调节情绪状态的方法，在必要时能更加勇敢、顽强、坚毅、果断、自制、镇静，表现出夺取胜利的意志品质等。一般心理训练至关重要，因为高尔夫球运动员良好的个性特征和心理素质都是根据一定的目的、任务和要求，经过长期训练形成的。

（二）比赛心理训练

比赛心理训练是针对既定的比赛任务进行的，目的在于使高尔夫球运动员能在较短的时间内学会自我调节心理状态的方法，以便尽快进入最佳竞技状态，也称短期心理训练。

比赛期间心理训练可细分为赛前心理训练和比赛过程中的心理训练。

1. 赛前心理训练

赛前心理训练一般在赛前两三周开始，具体任务是：

（1）明确比赛任务，激发比赛动力，树立取胜信心；

（2）掌握具体的比赛心理训练方法，控制和调节心理状态，消除心理障碍，形成最佳竞技状态；

（3）提高心理的适应性，学会在千变万化的比赛情况下保持积极稳定的心理状态，正常或超常发挥运动水平。

2. 比赛过程中的心理训练

比赛过程中的心理训练可在每次比赛前、一次比赛中、两次比赛间和比赛后进行。其任务是：

（1）帮助高尔夫球运动员积累和分析比赛过程中出现的新情况，及时修订比赛行动计划。

（2）采取必要措施进行心理调节，保持积极稳定的心理状态。

上述两类心理训练并不是各自孤立的，而是相互依赖和互为条件的。如果没有一般的心理训练，比赛心理训练就没有可靠的基础，难以取得良好的效果；同样，如果不对高尔夫球运动员进行比赛时的心理训练，一般心理训练也就失去了针对性，也就不能提供给高尔夫球运动员有效的方法和措施来解决训练时的心理矛盾。

二、高尔夫球运动员应具备的心理品质和个性特征

（一）精确的运动感知能力

高尔夫球运动员在通过视觉、知觉、平衡觉、触觉等多种感觉，运用大脑对自身的行动、球杆、场地及时空等客体做分析综合后，做出高度敏锐的识别与认识。这种识别与认识用专业术语来说就是“球感”“场地弹性感”“时间感”“空间感”等专门化知觉，即能准确地控制自己的动作，具有敏锐的球感、时空感、节奏感等。因此，高尔夫球运动员在合理运用技术动作的过程中，必须具有准确的判断、快速的反应和清晰的时空概念，才能满足高尔夫球项目的要求，达到高度自动化的程度，用动觉控制代替视觉控制。

（二）准确的动作记忆能力

准确的动作记忆能力是建立清晰准确的运动表象的基础，是形成动力定型的重要内容，在学习技术动作和创新动作时，都需要把头脑中的运动表象迅速而准确地转化为技术动作，并能够准确地完成技术动作。

（三）思维的敏捷性和灵活性

在学习和掌握技术、战术时，高尔夫球运动员要积极参与，通过分析和对比，尽快地掌握正确的技术动作，防止错误动作的产生或及时纠正错误动作。高尔夫球运动员的思维形式主要是操作思维，即借助于运动操作，根据动作和操作对象的规律进行思维活动。高尔夫球运动员思维的敏捷性和灵活性主要表现为能随机应变，合理地运用技术、战术和适应各种场地的能力。

（四）良好的注意力

良好的注意力，即在一定范围内集中注意力的能力，准确而迅速地进行注意力的分配和转移的能力，以及良好的注意力稳定性。高尔夫球运动员学习和掌握技术、战术必须在注意力集中的情况下进行，运用技术、战术时，要求注意力合理分配和及时转移。高尔夫球比赛的情况瞬息万变，这就要求高尔夫球运动员排除来自外界、自身的各种干扰，把注意力集中在完成每一个动作上，同时又能合理地分配和迅速转移自己的注意力，以便准确观察和判断对手、同伴的状况，以及球的动向。高尔夫球比赛的时间一般较长，对注意力稳定性要求较高，在疲劳的情况下更是如此。

（五）坚强的意志品质

意志品质是指个体在遇到困难的情况下独特的意志表现。在高尔夫球比赛中，高尔夫球运动员如果有明确的目的，就会有意识地、自觉地去克服一切困难，达到自己的目的。

（六）必备的情感和控制能力

情感是人对客观事物是否符合自己的需要而产生的体验。不同的情感体验会对运动活动起到不同的影响作用，将关系到训练和比赛的质量和效果。研究表明，一般比较强烈的情绪会引起人体一系列的生理变化，并影响技术水平的发挥。高尔夫球运动的训练和比赛都会引起高尔夫球运动员的情绪波动。

三、高尔夫球运动心理训练的意义和作用

高尔夫球运动心理训练是高尔夫球运动训练的重要组成部分。人的竞技潜力的发挥，依靠体能、技能、智能和心理因素的有机结合。近年来，人们认识到，在身体、技术、战术训练水平日益接近，竞争越来越激烈的条件下，取胜的关键是高尔夫球运动员的心理素质，这也在国内外重大高尔夫球比赛中得到证实。

（一）心理训练有利于高尔夫球运动员心理过程的完善

心理训练可以培养高尔夫球运动员在训练和比赛中精确的运动感知、敏锐的思维、良好的注意力、稳定活跃的情绪以及坚强的意志品质。

（二）心理训练有利于高尔夫球运动员个性心理特征的形成和发展

心理训练能对高尔夫球运动员良好性格的形成和发展产生巨大的影响，可以发展其不畏强手、沉着冷静等运动训练及比赛所需的特殊能力。

（三）心理训练有利于参加训练和比赛的适宜心理的形成

心理训练可激发高尔夫球运动员具有正确的比赛动机和强烈的求胜欲望，建立必胜信念，提高高尔夫球运动员的自我控制能力，及时消除心理障碍及由此带来的行为障碍，使其心理状态适宜训练和比赛的要求，为提高运动技战术水平及获得最佳竞技状态奠定良好的心理基础。

（四）心理训练有利于高尔夫球运动员消除疲劳，加快恢复过程

运动训练和比赛往往导致高尔夫球运动员身体和心理上的疲劳，高尔夫球运动员在消耗巨大身体能量的同时，也要付出巨大的心理能量。一般情况下，这种体力上和脑力上的疲劳可以通过休息睡眠和营养来消除，但

心理训练可以缩短消除疲劳及恢复体力和脑力的过程。借助心理训练，可以减少神经心理紧张，克服心理抑制状态。

第二节　高尔夫球运动心理训练的方法

高尔夫球巨星本·霍根曾说，打高尔夫球，80%靠智慧与心理。心理素质的好坏，对高尔夫球运动员的水平有很大的影响。高尔夫球运动员心理训练水平的高低对高尔夫球运动员心理素质的好坏具有决定作用。

高尔夫球运动员心理训练可以分为两类：一般心理训练和比赛心理训练。一般心理训练的方法包括放松训练、表象训练、注意力控制训练、提高感知觉训练、意志品质训练、生物反馈训练等。一般心理训练在高尔夫球运动训练的各个阶段和比赛阶段都可以进行。比赛心理训练的方法包括目标设置训练、模拟训练、思维阻断法、暗示训练、合理情绪训练、合理归因法等。比赛心理训练仅在比赛阶段开展。

一、一般心理训练

（一）放松训练

放松训练法是高尔夫球运动员用自己的意志调节肌体机能的放松方法，主要通过高尔夫球运动员的主动放松增强其对生理和心理活动的控制，达到降低唤醒水平、调整情绪的目的。放松训练可以降低高尔夫球运动员交感神经系统的活动水平，减少骨骼肌的紧张，减轻过分焦虑，具有良好的抗应激效果。放松训练可以使高尔夫球运动员肌肉放松、情绪稳定，从而达到最佳运动状态。

放松状态是指思想、情绪和肌肉都处在一个不紧张或松弛宁静的状态。在进入松弛状态时，全身骨骼肌张力下降，呼吸频率和心率减慢，血压下降并有四肢温暖、头脑清醒、心情愉快、全身舒适的感觉。同时，这种状态能为其他心理机能训练打下基础。

放松训练方法分为三种，即渐进性放松法、自身放松法和深呼吸放松法。

1. 渐进性放松法

渐进式放松法是高尔夫球运动心理训练中最常用的一种放松方法。它的效果非常好，可以使高尔夫球运动员感到非常舒适。训练时主要通过调

动全身肌肉群，对头、颈肩、手、掌、胸、背、腹、腿、脚由上至下进行放松，达到消除身体紧张状态、缓解焦虑情绪的效果。这种方法主要在日常训练或赛后恢复过程中采用。

训练目的：通过紧张和放松的对比，了解紧张和放松，以及不同程度的紧张和放松。

注意事项如下：

（1）做好放松训练前的准备工作。寻找一处安静的场所，配置一把舒适的椅子。放松前，要松开紧身衣服和妨碍练习的饰物等，减少外界刺激。

（2）形成一种舒适的姿势，基本要求是减少肌肉的支撑力。轻松地坐在一张单人沙发里，双臂和手平放在沙发扶手上，双腿自然前伸，头与上身轻轻靠在沙发后背上。

（3）做几个深呼吸。从头顶向下到脚趾或者从脚趾向上到头顶，将意念逐次集中到每一组肌肉上，让它们放松。合理安排时间，开始时，最好每天两次，每次 15~30 分钟，最合适的是早、晚各一次。要做到持之以恒，坚持训练。

2. 自身放松法

自身放松法是通过指导语诱发高尔夫球运动员，使高尔夫球运动员自身产生某种感觉体验，进而达到精神和身体放松的方法。这种方法主要是在平常训练中和比赛后进行恢复训练。

3. 深呼吸放松法

深呼吸放松法是指高尔夫球运动员首先使自己心神安静下来，采取舒适的姿势，然后想象自己已经身处一个十分优美的环境之中，按照深吸气、长呼气等呼吸要点和方式来调节气息，配合呼吸，伴随着一定部位的肌肉的运动和放松，最后达到全身肌肉放松的方法。

通过胸部的呼吸，可以增加呼吸量，使血液中的氧气含量更充足，使肺部的二氧化碳呼出得更彻底，还可以减少心脏和肺部受到的压力。在面临紧张情况时做深呼吸，可使人全身放松，恢复镇定和平静，并且增加勇气与自信。

深呼吸放松法简单易行，不需要占用较长时间，是一种方便、有效的应急措施，在高尔夫球运动日常训练或比赛之前采用，用来调整身心状态，缓和紧张情绪。

训练目的是通过呼吸方式的调节使肌肉放松。

注意事项如下：

（1）在练习深呼吸时，可以闭上眼睛，以放松的姿势坐着或站立。

（2）抬头挺胸，双肩放平。

（3）吸气时要深深地吸，把肺部尽量扩张；呼气时慢慢地呼，让呼气时间拖得稍长一点，一直到把肺部的残留气体差不多呼尽。

（4）尽量用鼻子呼吸。

（二）表象训练

表象训练也称想象训练、念动训练等，是指高尔夫球运动员在日常训练或比赛中有目的地在头脑中想象击球动作、情绪状况或比赛场景，从而起到强化心理的训练方法。例如，高尔夫球运动员在击球之前，可以先在头脑中想象训练，过程如同“放电影”，先想象击球时高尔夫球场周围的画面，再想象高尔夫球在球场的位置，随后想象自己将球击出。

1. 表象训练的分类

表象训练可分为两大类：内部表象训练和外部表象训练。内部表象训练以运动感觉为主，能够感觉肌肉活动。外部表象训练以运动视觉为主，能够看清自身动作。在训练过程中，把两种表象练习结合起来，效果最好。

（1）内部表象训练。内部表象训练是指球员运用内部视角，想象自己在进行击球，这时球员可以感觉到自己在进行击球。例如，在击球时的内部表象训练中，球员可以看到球场的环境、自己手中的球杆，可以感觉自己的肌肉活动，但不能看到自己的动作和视线以外的事物。

（2）外部表象训练。外部表象训练是指球员运用外部视角，想象从外部看到自己在进行击球。球员可以看到自己瞄球、上杆、击球的一系列动作，这时球员是以一个观众的视角来观察自己的动作的。

2. 表象训练的实施

在表象训练的实施中，我们最注重的是两方面的训练：清晰性训练和可控性训练。

（1）清晰性训练。练习时，必须尽可能真实、生动地进行表象演练，内容越真实，对实际操作时的影响越大。动作回忆练习，练习过程中，先进行击球练习，然后闭上眼睛，尽可能想象自己击球时身体不同部位的动作细节表象。从看到自己准备姿势开始，球员用眼睛的余光看向击球线，

看到并感觉到自己上杆到顶点的动作，感觉到身体左侧绷紧；感觉击球一瞬间，完美地触球；感觉身体重心继续向左移动，收杆重心移到左侧，右脚完全踮起；看到球打出去了，又远又直，刚好落到球道正中央；看到自己收起木杆，走向落球点准备下一杆的击球。

（2）场景回忆练习。想象自己近期比赛或练习的球场场景。想象自己站在发球台上，可以看到球场内其他场景，看到球场的长短、宽窄，看到草皮平坦程度，同时感受到球场微风的流动，感受到阳光的照耀，动用你所有的感官，使各种感觉都融入你的想象中，想象得越准确、越细致越好。体会球杆重量练习。首先，想象自己右手正拿着一支木杆，直臂慢慢向前方抬至与肩同高水平，体会手臂用力的感觉。接着，想象右手木杆由一支变为两支，努力感受手臂增加用力的感觉。随着时间的推移，手臂感觉越来越重，越来越疲劳，仔细体会这种沉重的感觉。然后再想象右手中球杆被同伴拿去，手臂变得轻松，慢慢放下手臂，手臂变得越来越轻松。

（3）可控性训练。表象训练中起重要作用的另一要素是球员对头脑中出现的图像能够随心所欲地控制。

①控制动作幅度练习。闭上眼睛，想象自己在进行击球练习，并随时控制挥杆动作幅度。如在击球过程中，使球杆到顶点停住，看看自己在顶点动作是否正确；在击球瞬间停住，看看自己在击球瞬间杆头位置是否正确；在收杆位置停住，看看自己重心转移是否正确。

②控制不同球杆练习。在头脑中想象自己运用不同的球杆，如 1 号木杆、7 号铁杆、劈杆等球杆，做出不同的击球动作。看到、感觉到自己的动作，并观察自己击出的球正在向自己想要的落点飞去。

③想象在困难比赛中的训练。想象自己正在进行一场非常艰苦的比赛，遇到发球失误、球出界、球入水、球入沙坑等情况，让自己置身于这样的情境中，想象自己克服消极情绪，冷静地打出了漂亮的击球。例如，想象自己在攻果岭时，球落入果岭前的沙坑内，然后继续想象自己上杆击球，漂亮地一击，把球击上果岭。

表象训练有很多形式，可以运用语言暗示、放录音引导和看录像等方法进行。由于电化教学条件获得改善，可以利用拍摄好有关运动技术的录像，播放出来供练习者观看。练习者在看完录像后先闭眼放松，然后把刚才看过的十分完好的动作影像在大脑中重新“过一遍”，这样反复多次进行，较为有效。表象训练的内容主要是正确的动作技能及其完成过程，但也可以是有助于身心放松的某些情景性内容。

（三）注意集中训练

注意集中训练是运动员有意识地指向和集中于一定的目标，以提高专注能力的练习方法。训练过程中，运动员将注意力全神贯注于一个确定的目标，排除内外因素的干扰，防止分心和伤害事故的发生，促使击球动作较好地完成。比赛中对运动员的干扰因素主要来自外部刺激和内部刺激。例如：对手、观众、环境的变化，是外部刺激；怀疑、焦虑、疲劳，是内部刺激。运动员在比赛时不能被干扰因素影响，需要在每一次击球前调整好自己的注意力，不能把注意力停留在上一洞的成绩上。

1. 积极目标训练

运动员要给自己设定一个自觉提高注意力和专心能力的目标，一旦开始比赛，要比过去更集中注意力，一旦开始训练，就能够迅速地集中注意力，不受干扰。例如：运动员如果对自己的要求是，要在高度集中注意力的情况下将每一次击球打好，那么无论你是在开球还是在推杆，一旦开始比赛，注意力就会高度集中，从而排除干扰。

2. 动作自动化训练

掌握了扎实的高尔夫击球技术，运动员在击球过程中就不需要在击球动作上给予太多的注意，直接以自动化的形式进行击球，并根据实际情况选择击球策略。因此，使高尔夫击球动作自动化，对运动员注意力的集中特别重要。

3. 对身体感官的训练

身体感官训练是指运动员在训练过程中对视觉、听觉等身体感官进行训练。这种感觉上的专心训练是进行注意力训练非常有用的技术手段。

（1）用视觉集中注意力训练。这是利用视觉注视某个目标，练习提高注意力集中能力的方法。例如，运动员拿一个高尔夫球，把它放在自己面前，盯着它看，把注意力完全集中在球上，让自己的脑子里只有球，并尝试逐渐增加训练的时间。

（2）用听觉集中注意力训练。这是利用听觉，练习提高注意力集中能力的方法。运动员听到或想到某种声音，如球场上的鸟叫声，并让自己的脑子里只有这一种声音。如果球场还有其他声音响起，尝试着忽略它，让自己的注意力全部集中到鸟叫声上来。

（3）利用呼吸集中注意力。这是利用意识对呼吸动作的调节，将大脑

和身体活动有机联系起来，练习提高注意集中能力的方法。运动员在进行注意力集中练习时，要将注意力指向于呼吸的动作和过程，用意识去感受呼吸的动作和气体的出入，逐步使呼吸深度加强、呼吸次数增加，伴随着的注意程度要越来越深入。通过反复练习，将提高注意力集中能力。

（4）利用想象集中注意力。这是是利用想象，将意识集中在注视和形象回忆上，以练习提高注意力集中能力的方法。例如，运动员想象在击球的整个过程中，始终将注意力集中到身体的某个部位，感受这个部位的姿势、发力等，逐步延长感受的时间或变换感受的部位，以提高注意力。

（5）利用暗示集中注意力。运动员在训练或比赛过程中，采用语言或行动进行暗示，进而练习提高注意力集中能力的方法。

①语言暗示法。运动员不能很好地集中注意力，通常会在某个技术环节或某个行为中表现出来。例如，击球时转肩不够，肌肉紧张，等等。这时，运动员就可以把注意力专注于影响自己的具体环节上，并采用暗示语的形式反复提醒自己，如每次击球之前反复暗示自己转肩、放松等。

②行为提示法。球员在击球之前采用一些小动作，给身体一个注意力要集中的提示。例如，在击球之前，重心向右稍移、左手拇指稍稍用力，在身体提示下，运动员就知道需要集中注意力击球了。

（6）利用干扰条件来锻炼注意力。在嘈杂环境中完成击球任务，以此来锻炼注意力。例如，在击球训练中，播放一些嘈杂的音乐，或组织“观众”亲临现场，在有干扰的条件下进行训练，提高“闹中求静”的能力。

（四）提高感知觉训练

感知觉是指由运动员感觉器官对来自身体内外的刺激做出的相应反应，它是进一步理解高尔夫球运动知识、技术、技能的基础。例如，眼睛看到球、球杆，耳朵听见风声、音乐声，皮肤接触球杆，感受到自身的击球动作，等等。高水平的感知觉是由多种分析器的协同活动产生的，依靠视觉、听觉、肤觉、肌体觉、运动觉、平衡觉等来接受外界刺激或自身的信息，然后做出相应的反应；有的甚至还会有记忆、思维等心理活动的参与。各种心理活动作为一个整体，其实是不能截然分割开的，它们总是彼此融合、交织在一起的。

1. 对自身的感知觉训练

对自身运动的感知是完成身体运动的前提，如重心转移的感知等，培养运动员在不同阶段对身体的掌控能力，如击球过程中对身体各部分（躯干、四肢、头部）所处位置的感知、用力大小等。

2. 对球和球场的感知觉训练

对球的速度、高度、方向等变化的感知，培养运动员的“球感”，包括对球的大小、轻重、形状、弹性、软硬、颜色、滑旋转程度的感知。只有对球场大小、坡度陡缓、距离远近的感知有了深刻而准确的了解，才能合理地进行击球。

3. 对天气的感知觉训练

这主要是指对正常天气、大风天、雷电雨天以及高原和寒暑气候等的感知觉。

4. 几种特殊感知能力的训练

（1）方位感知的训练。方位感知能力是指运动员对自身的方向和位置的认识与判断能力。这一能力对运动员来讲至关重要。例如，运动员在不同的环境里，用睁眼和闭眼的方法练习辨识自己所在位置所面临的方向，迅速地判断出东、南、西、北的具体朝向，前、后、左、右的具体位置。然后，由静态变为动态进行练习，转动自己的身体，主动地命令自己转若干度，或转至什么方向，久而久之，对平面的方位知觉就会有一个新的飞跃。

（2）距离感知的训练。距离感知能力是指对水平距离的目测判断能力。这一能力的训练应先从近向远逐步地进行，即先训练对短距离的感知训练，如 10 码、20 码、30 码，然后逐步扩大到 100 码、150 码、200 码的感知训练。

①在球场或练习场，先让运动员预判某两点之间的距离，然后再通过实地测量进行验证，最后把测量结果反馈给运动员。运动员将预判距离和测量距离进行比较，找出其中的差距，再进行新一轮的预判。这样可以对运动员正确的距离感知给予积极的肯定强化，对不正确的距离感知进行消极的否定分化。这样的训练一定要多次重复进行才能有良好效果。

②运动员先测量出自己正常走路时一步距离的长度，以此作为标准，然后在操场、道路等地任意预判两点距离，再用自己的脚步进行测量，将预判和测量进行对比，也可以起到训练距离感知的作用。

（五）意志品质训练

意志是运动员为了达到既定目的，在行动上表现出来的自觉克服困难的心理过程。运动员的意志品质不是天生的，而是在后天训练、比赛过程

中锻炼出来的。培养良好意志品质的方法有以下几种。

1. 合理奋斗目标的确定

让运动员了解高尔夫球运动训练或比赛的目的和任务，使运动员根据自身情况制定自己的奋斗目标，从而使运动员能够自觉地调动自己的意志，积极顽强地去完成任务。

2. 克服客观困难的训练

安排运动员在不同的负荷、练习难度和气候环境下进行训练。安排意志品质训练应遵循循序渐进的原则，可以先安排难度较小的训练，随后不断增加训练难度，促使运动员在困境中寻找解决问题的方法，培养运动员与困难作斗争的决心和毅力，增强运动员独立克服困难的能力。可以让运动员在不良的气候条件下训练，如逆风、光照、高温、下雨、冰冻等气候条件下，提高对各种气候环境的适应性，培养在恶劣条件下调整自我心理的能力，克服消极情绪，更好地磨练意志。

3. 果断性的训练

运动员在处理一些复杂问题的时候，如击球入沙坑、击球入水等，要能迅速果断地做出选择。果断性训练有利于培养运动员当机立断的品质。

4. 自制力的训练

自制能力是运动员的重要品质之一，是指运动员在球场遇到挫折的情况下能克服外界干扰，保持稳定的情绪，充分发挥自身水平的能力。在训练中，主要采用自我鼓励、自我命令、自我说服等方法，使运动员养成自我控制的习惯。

二、比赛心理训练

（一）目标设置训练

目标设置是指运动员确立运动目标、制定成绩标准的过程，这是一个重要的动机过程。一旦运动员为自己设置了一个运动目标并承诺要实现该目标，那么运动员就会注意到自己的实际击球水平与目标水平之间的差异，这种差异促使运动员采取行动，以减少目标与现状之间的差距。因此，目标的存在本身就具有激励作用，运动员所设置的目标决定着他在活动中如何分配自己的注意力以及争取良好表现的努力程度，进而影响他的实际运动水平。

1. 目标设置的原则

(1) 设置短期与长期相结合的目标。长期目标是球员对训练、比赛过程的总体规划。短期目标是将长期目标进行细化，形成的具体的、便于完成的目标。与长期目标相比，短期目标更容易达到能够使运动员在练习过程中不断体验成功的感觉，获得满足感，从而提高运动员的自我效能感。要实现长期目标，就必须以短期目标为基础。短期目标与长期目标的关系就好像上楼梯一样，长期目标是楼梯的顶端，短期目标就是一个一个的台阶，要到达顶楼，就必须不断地攀登。

(2) 设置具有高水平但可以实现的目标。确定适合的目标是运动员走向成功的第一步。运动员设定过高或过低的目标都不能对自身产生激励作用。目标设置过高，不容易实现，容易使运动员产生挫折感；目标设置过低，轻而易举就能实现，对运动员技能的提升没有太大意义。而挑战性目标，即高水平但又比较现实的目标，对运动员的行为具有促进作用。因为该目标的实现既可以使运动员看到自己具有较高的能力，又可以使他看到自己的能力有进一步发掘的潜力，有进一步提升的空间。因此，制定目标时，运动员应根据实际能力设置难度适中的目标任务。

(3) 设置明确的、可达到的目标。在训练或比赛中，要确定具体的目标而不是模糊的目标。例如，教练员在比赛前对运动员说“第一洞难度较小，必须打个小鸟球”。“打小鸟球”就是教练员设置好的目标，但“小鸟球”究竟该怎么打却非常模糊。这就是目标设置中的一个缺陷。具体的目标应该是量化的，如第一洞是个五杆洞，第一杆必须打 280 码上球道，第二杆要上果岭，果岭上争取推两杆进洞，等等。打出小鸟球，完成击球目标，这样更加明确。

任务定向是指运动员进行纵向比较，将自己目前的运动成绩与过去的运动成绩相比较。运动员只要全力以赴超越过去的成绩，就会取得成就感。

自我定向是指运动员进行横向比较，将自己的运动成绩与他人的运动成绩相比较。只要超过他人，运动员就会取得成就感。

通过比较这两种目标设置，我们可以看到，任务定向要求运动员将注意力集中在训练的过程而不是训练的结果上。任务定向是可以把握的，不容易受到对手影响。自我定向注重竞争，最关心的是个人能力水平的高低，是以他人为标准来判断成功与失败的；但自我定向目标又是运动员无

法回避的，因为第一名只有一个。因此，运动员在日常训练中应多采用任务定向目标来提高自身对运动的注意，采用自我定向目标来维持长期的训练动机。

（4）确定实现目标的具体计划。目标设置好了，还必须有相应的计划来实施。就好比运动员要从武汉去上海打球，需要计划好从哪里出发、怎么走等。例如，运动员要将一号木杆击球距离由240码增加到270码，这就是一个明确的目标，如何来实现这个目标或者说运动员要实现这个目标应该采取哪些策，这就是具体计划。

2. 目标设置的步骤

（1）在目标设置前，运动员可以通过自身总结、与教练员交谈以及与其他运动员讨论等方式，尽可能收集多方面信息，为确定合理、清晰的训练目标打下基础。

（2）根据收集的信息确定高尔夫球训练的目标，并制订一份详细的计划，包括运动员达到目标的周计划、月计划以及年计划，还应包括运动员为达成目标采取的策略、达成目标的期限、达成目标后的自我奖励等。

（3）根据制订的计划，开始各项技术及心理训练。在训练过程中，应随时根据运动员的实际情况进行总结，纠正各种错误，提高训练效率。

（4）一旦达到短期目标，就自我奖励，然后转到下一个短期目标，同时自问如何在下次做得更好。

（5）根据自身实际情况，不断更新目标，直至完成最终目标。

（二）模拟训练

模拟训练是指针对高尔夫比赛中可能出现的情况或问题，提前创设与比赛相似的环境进行实战演练的训练方法。模拟训练是进行模仿、演示，使运动员适应实战的一种针对性、适应性的训练。科学的模拟训练能够消除运动员在比赛中可能产生的不良反应和心理障碍，保证运动员在比赛中处于良好的生理及心理状态，促使运动员技术、战术在千变万化的比赛环境下正常发挥。

1. 模拟对手

让同伴模拟对手的各种活动，使运动员更加细致地了解对手的技术、战术特点，并由此制定合理的应对策略。如果有条件，还可以借助视频录像进一步了解和分析对手，以获得更好的效果。

2. 模拟观众

在正式比赛时，观众的语言和行为会给运动员带来干扰和压力，有可能使运动员在击球过程中紧张和分心，从而造成击球失误。在赛前组织"观众"，模拟观看比赛场景，在运动员击球过程中有意发出各种声音，如喝彩声、倒嘘声等，有利于培养运动员的抗干扰能力和适应能力。

3. 模拟环境

模拟不同环境，如不同气温、天气、气压、风力下的比赛场景，提高运动员在不同环境下进行比赛的能力。

4. 模拟特殊情境

特殊情境包括特定的比赛情境（特殊球位处理、击球失误、球出界、球落水）和动态比赛情境（比赛领先、比赛落后），通过对不同时期比赛情境的模拟，提高运动员在比赛出现不同状况时的适应力。例如，对沙坑球处理不好的运动员，可以在比赛前多模拟处理沙坑球的情境，越是困难，越应该冷静处理，以培养顽强的意志。

（三）思维阻断法

思维阻断法又称思维停止法或思维控制法，主要用于运动员控制自我挫败（不合理）的思维和表象，它特别适用于反复思考过去的事件以及反复出现一些无意义思维活动的运动员。例如，运动员在打了界外球后，在脑中持续出现为什么会打界外球、自己错误动作在哪里等不利想法，严重影响接下来的击球。

当运动员出现消极思维，感到心理紧张时，可以大吼一声，或者向自己大喊一声"停止"，阻断消极驱动力的意识流，以积极思维取而代之。运动员还可以采用一个响亮的信号或者可以代替消极思维的积极行动来阻断消极思维。在实际应用时，要反复使用这一方法，直至在"停止"暗示和强迫思维之间的联系得以强化。

（四）暗示训练

暗示训练是指利用语言、手势、表情或其他暗号，对运动员心理施加影响，进而影响运动员行为的过程。

研究表明，自我暗示能够提高运动员动作的稳定性和成功率。根据高尔夫球比赛的特点，可适时运用暗示的方法，把运动员对比赛名次及多方面的焦虑和担忧，转移到正确运用技术和提高自信上。这样会缓解运动员比赛和训练中的紧张情绪，从而正常发挥技术水平。

第三节　高尔夫球运动心理训练的原则

做什么事都要有原则，心理训练也不例外。心理训练的原则是建立在人们多年来心理训练实践经验的基础上的，它在某种程度上反映了运动员心理训练过程的规律性，这些原则是有效地进行心理训练所必须遵循的。在心理训练时遵循这些原则，可以保证心理训练的顺利实施，有助于提高心理训练的质量，避免“走弯路”，并最终获得预期的良好效果。高尔夫球运动心理训练应遵循以下几项原则。

一、自觉积极性原则

心理训练能够使高尔夫球运动员的心理品质得到发展，并学会控制和调节自己的心理状态，训练的效果取决于运动员的自觉性和积极性。如果高尔夫球运动员不相信语言暗示对身体活动所起的影响作用，那么，他就不可能去实践它。应付式的执行当然不会收到应有的效果，在激发高尔夫球运动员对心理训练的自觉积极性时，首先要让运动员掌握有关心理学的理论知识，了解心理活动的规律，树立心理训练对完成身体、技术、战术的训练和完成比赛任务能起到重要作用的信念，从而自觉地、积极地进行心理训练。其次，教练员的鼓动和激励也有利于运动员进行心理训练的自觉积极性。为此，教练员应做好这几方面的启发和引导工作：

第一，传达心理品质的发展对完成训练任务和获取竞赛胜利的重要意义；

第二，指出运动员在完成训练和比赛任务时，需要培养、改进哪些心智能力和个性心理特征，并指出发展所要达到的程度；

第三，在引导运动员了解心理训练的目的、任务和意义的基础上，要求他们自觉地进行自我分析、自我检查、自我控制、自我调节，使心理品质的发展适合竞赛活动的需要。

此外，培养运动员具有为祖国、为集体争取荣誉的社会动机和稳定的兴趣，也有助于运动员形成心理训练的自觉性和积极性。同时，教练员和运动员一起系统分析专项运动的心理图案、运动的心理特点以及校正心理特点的情况，并以讨论的方式拟订心理训练计划、手段和方法，提出预期效果，都将激发运动员进行心理训练的自觉性和积极性。

二、全面训练原则

为使高尔夫球运动员具有在紧张、激烈的条件下进行训练和比赛的能力，应该进行全面性心理训练。全面性心理训练有两方面的含义和工作：一是竞技心理训练必须与身体训练、技术训练、战术训练及思想政治教育有机地结合起来，如果把心理训练当作孤立的训练任务，其效果就差；二是心理训练的内容应该包括运动员各种心理要素的发展，即心理过程、心理状态、个性特征等。此外，在实施过程中，还要考虑教育与训练条件及其他社会因素对运动员心理和心理训练本身的影响。

三、循序渐进性和重复性原则

高尔夫球运动员心理品质的完善和发展是经过长期的训练、教育和培养才得以实现的。对运动员提出的心理训练任务、内容、方法、要求都要从易到难，从浅到深，如操之过急，拔苗助长，就不易收到良好的训练效果。例如，进行意志训练，难度要求只能逐步增加，日积月累，从而使运动员的意志品质得到发展。假如一开始难度要求很大，或设计运动员无法完成的训练内容，便可能让运动员出现某种畏难情绪，对意志培养造成某种障碍。

通过心理训练发展运动员心理品质，也是经过反复实践的。由于通过心理训练所发展的某些心理品质在停止实践后就可能消失（如运动的专门化知觉能力会在停止一段时间的训练后降低，甚至消失），所以，应该遵循重复性原则，反复实践，使运动员的心理品质在反复的培养和训练中不断得到发展。

四、区别对待原则

对运动员进行心理训练有共同的规律，因而可以采用一般性训练方法。同时也要看到运动员个性特点、心智能力、心理状态等都有差异，因此应该考虑个人特点，这样的心理训练才能收到预期的效果。例如，有的运动员易受暗示，有的则不易接受，那么，用同样方法进行催眠训练，前者将能收到较好的效果，而对于后者，则要采用一些特殊的方式，或者训练更多的次数才能有收效。所以，进行心理训练不能“一刀切”，应该区别对待，这样才会收到明显效果。

高尔夫球具对项目的影响

开展高尔夫球运动的主要球具包括高尔夫球杆、高尔夫球、球包、服装等，要想更好地体会高尔夫球运动，必须对球具有充分的认识和了解。

第一节 高尔夫球杆

一套完整的球杆通常包括 3 根木杆、9 根铁杆、一根挖起杆以及一根推杆（见图 6-1），也可以根据自己打球的习惯进行调整，但在参加比赛时，球包里的球杆不能多于 14 根。一只高尔夫球杆由杆头、杆身、握把等组件构成（见图 6-2）。随着高尔夫球球手水平的不断提高，球具的选择也会发生变化。

图 6-1 一套完整的球杆

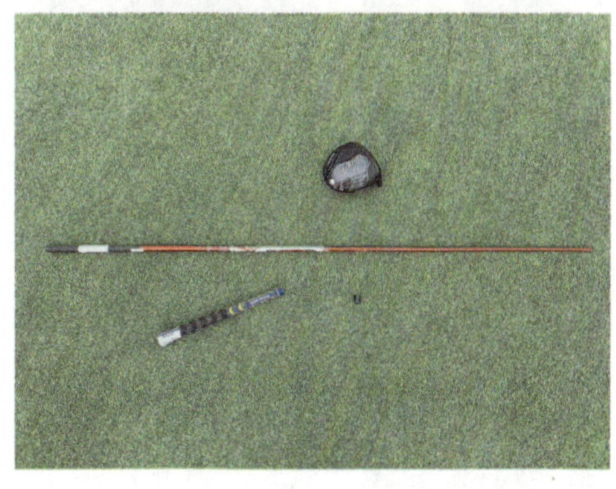

图 6-2 球杆组件

一、高尔夫球杆的发展

随着高尔夫球运动的发展，高尔夫球具也发生了很大改变，苏格兰作为高尔夫球运动的起源地之一，15 世纪已出现第一支木杆（见图 6-3）。

图 6-3　早期的木杆

当时的木杆杆身坚实，杆头沉重，握把缠绕着小羊皮等真皮。早期制作的木杆常常用山毛榉木，也用苹果木、梨木和李树木。这些木头都可以用来造杆头，后来苏格兰人从北美引进柿木，柿木木质密实，不容易开裂，是制作球杆的良好材质。木杆制作很费工，要经过干燥工序和细致的选料工序（见图 6-4）。

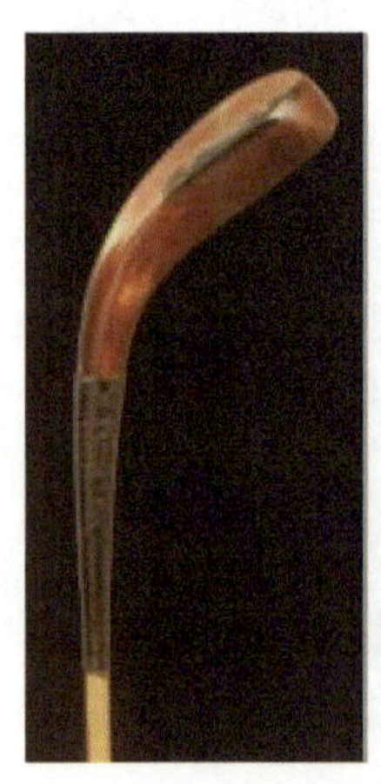
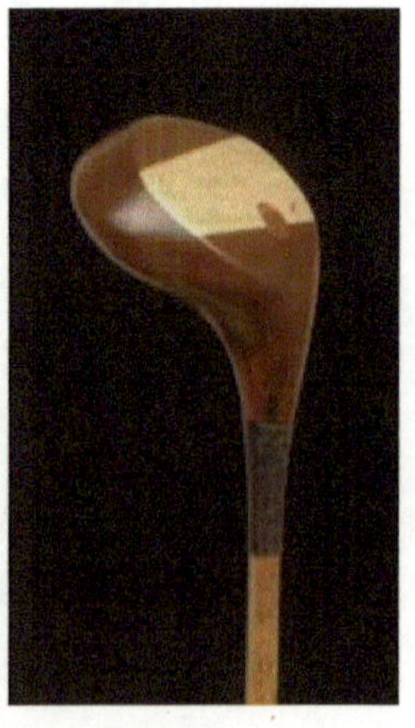

图 6-4　长鼻型杆头的球杆

如今，原本意义上的全木杆已很少见，但仍有专精此项手工的木杆生产存在。准确地说，柿木木杆的制造是 19 世纪 90 年代才开始的。高尔夫球史学家认为，高尔夫球杆的制作最早始于 15 世纪和 16 世纪，因为人们找到了上述年代遗留下来的杆头碎块，地点是荷兰。大约在 18 世纪初，金属杆头球杆出现了（见图 6-5），并在以后取代了长鼻木杆，因为木质杆头再坚硬也不如铁制杆头。铁制杆头的球杆比较好处理特殊困难球位的球（见图 6-6）。在球杆的演变过程中，杆头不仅有材质的变化，也有外形的变化。除了早期的长鼻杆头和短鼻杆头外，坚硬木质杆身的球杆还有杆趾为方形的笨重的大凹面杆头，也有圆形和椭圆形杆头，在 1850 年的一组球杆中人们已经看到不仅有开球用的木杆和在球道上用的 3 号木杆，还有推杆和几支铁杆。19 世纪中叶，原先那种内装羽毛、由手工缝制而成的高尔夫球已被用杜仲胶做球芯的高尔夫球所取代，它有足够的硬度来承受铁头球杆的撞击。1860 年，球杆制造商学会了用美洲核桃木来制作球杆，这样的球杆既结实又有韧性。20 世纪初，钢取代了核桃木。在钢中加入石墨可使钢的韧性提高，钢成为球杆生产中最常采用的原材料。

图 6-5　金属杆头球杆

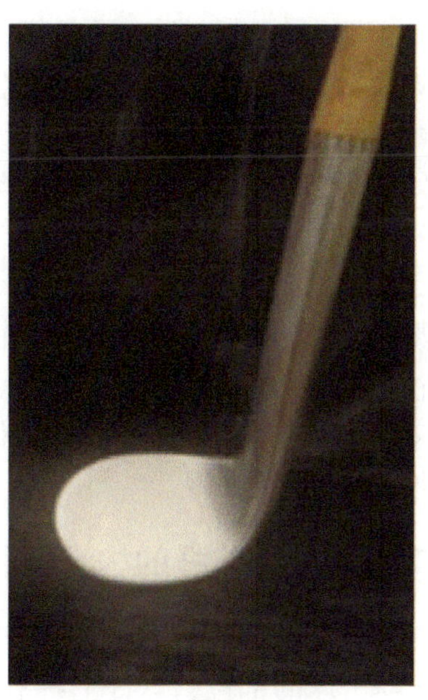

图 6-6　特殊杆头球杆

由于高尔夫球运动要求在球场不同地点不同情况下使用不同的球杆，球杆的性能与用途不同，杆身长短和杆面倾斜度各异。为了区别这些不同的球杆，人们索性将其编号。从21世纪相继发现和找到的古董球杆可以获知，18世纪初到19世纪中叶的一百多年中，在苏格兰一些球场上打球的人一般有8至12支球杆，包括开球木杆、球道木杆以及1支木制推杆。木制推杆杆身较短，杆身与杆面角度更加竖直。早期的铁杆是经过工匠锻造打制而成的。到20世纪初，人们已经使用发球铁杆、劈起铁杆、沙坑铁杆和5号铁杆，连推杆也有铁杆。此外，早在1895年铝材的推杆已被应用。为了增加铝质杆头的重量，杆头背部还被加上铅弹。后来，球杆制造者还在杆面上加上沟纹，以使推杆时产生加旋。

新材料与科技研究新成果不断推动球杆的改造与更新。20世纪初，铁杆正式上市。1912年，第一批无接缝铁杆在英格兰问世。到20世纪20年代，类别与样式结构已很齐全的铁杆开始在美国销售。尽管如此，直到1929年铁杆的合法性才获得圣·安德鲁斯皇家古代高尔夫俱乐部承认。

钢材材质的优点无可置疑地使其在球杆制造业站稳脚跟，进而促使批量生产的高尔夫球工业形成。除了不锈钢材质外，20世纪下半叶开发出了碳纤维及硼纤维等新材质。不锈钢价格不算高，弹性小，但扭力较好；碳纤维和硼纤维的特性正好与不锈钢相反，但重量较轻，外观质感也好，进而价值感也很突出。使用碳纤维和硼纤维材质生产的球杆重量较轻，更适合于女性高尔夫球手和中年以上打球者使用。当然，越来越多的男球手也使用它们，因为可以将力道用在挥杆时的杆头上，从而达到了增加击球距离的目的。

现在高尔夫球坛掀起了一股“钛合金热”，人们争相使用钛合金球杆。钛合金制成的球杆的稳定性和弹性俱佳，可以将小白球击得又直又远。铁合金杆的出现使高尔夫球爱好者如获至宝，而高级职业选手也有了夺取比赛胜利的利器。

二、高尔夫球杆的构造及特点

高尔夫球杆由杆头、杆身和握把三部分组成，长度为0.9~1.3米。杆头是实际击球的部位，球杆上标有不同的号码，往往号码越大，杆身越短、杆面倾角越大，击出的球飞行弹道越高，飞行距离越短。

球杆杆头在形状上必须总体上是简单的，所有部分必须刚硬，结构自

然且实用。除推杆可以有特性相同且相对的两个面外，球杆杆头必须只有一个击球面（见图 6-7）。

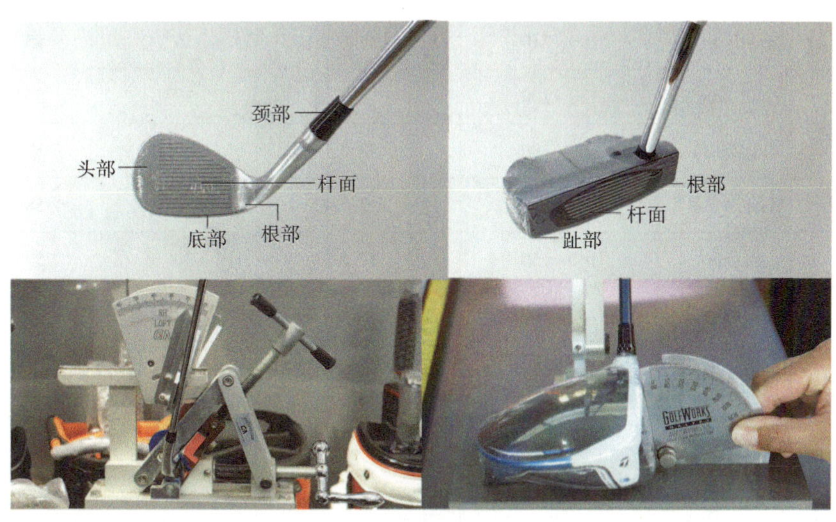

图 6-7

根据球杆的不同用途，球杆被设计成不同的杆头形状和杆身长度，大致可分木杆、铁杆、铁木杆、挖起杆。

球杆的主要参考数据如表 6-1 所示。

表 6-1 球杆的主要参考数据

木杆	球杆名称	业余男选手距离（码）	球杆长度（寸）	杆面斜度	杆身斜度
1	Driver	200～250	43. 5～47	9°～11. 5°	55°
2	Brassie	190～220	43	12°	55. 5°
3	Spoon	180～210	42. 5	15°	56°
4	Baffy	170～200	42	18°	56. 5°
5	Cleek	160～190	42. 5	21°	57°
7	Heaven	150～170	41. 5	24°	58°
9	Divine Nine	140～160	40. 5	28°	59°
11	Ely Would	130～150	39. 5	32°	60°

续表

铁杆	球杆名称	业余男选手距离（码）	球杆长度（寸）	杆面斜度	杆身斜度
1	Driving Iron	190～210	39.5	16°	55°
2	Mid Iron	170～200	39	19°	56°
3	Mid Mashie	160～180	38.5	22°	57°
4	Mashie Iron	150～170	38	26°	58°
5	Mashie	140～160	37.5	30°	59°
6	Spade Mashie	130～150	37	34°	60°
7	Mashie Niblick	120～140	36.5	38°	61°
8	Ditching Niblick	110～130	36	42°	62°
9	Niblick	100～120	35.5	46°	63°
10（P）	Pitching Wedge	110 以内	35.5	50°	64°
（SW）	Sand Wedge	90 以内	35	55°	64°
11（F）	Second Wedge	80 以内	35	54°～64°	64°
A	Chipper	50 以内	34.5	20°～35°	65°
推杆	Putter	30 以内	多样化	3°～6°	多样化

注：1. 1 码≈0.914 4 米，1 寸≈0.033 3 米。

2. 女子球杆较男子球杆短 1 寸，距离短 30 码，杆身斜度（LIE）多 1°左右。

3. 职业男选手的铁杆距离，每隔 1 号杆相距 15 码，业余男选手相距 10 码。

（一）木杆

木杆一般杆头较大，杆身较长，主要用于发球或远距离击球。杆头多以木头制造，顾得其名。早期的木杆是用红柿木制成的，木头遇水膨胀，球杆在雨天击球后都要进行保养；后来演变成使用不同的材质制造，如不锈钢、碳纤维、石墨、钛合金等，现代纳米高科技材质现在也有使用（见图 6-8 和图 6-9）。

目前最流行的球杆材质是钛合金。除了不需费时保养外，钛合金的反弹果较好，击球距离更远。由于球场长度距离有限，因此对职业球手选用木杆反弹

图 6-8　高尔夫木杆（一）

图 6-9　高尔夫木杆（二）

系数有一定的规格，如美国高尔夫球协会规定反弹系数不得大于 0.83。

根据杆身的长度和杆头面的角度，木杆分为 1 号、2 号、3 号、4 号、5 号。木杆又称为发球杆（Driver），一般在发球台上发球使用。其他木杆主要在球道使用，统称为球道木（Fairway Wood）。

1 号木杆是能够将球打得最远的杆，原因在于它的长杆柄和低杆面倾角，1 号木杆通常是 43~45 英寸（109~114 厘米）长。越长的杆柄越难将球准确定地打好，而一旦球被准确击出，就能打出较远的距离。1 号木杆的杆面倾角一般为 6.5°~12°，较低的杆面倾角结合相应的击球速度，可打

出较低的球道和较高的速度，使球飞得更远。

除了 1 号木杆，在球道上所有的木杆都是直接从地面上击起而不能用球架把球架高。球道木杆往往设计小而重，倾角随着号数增大而逐渐增大，在短距离内就可飞上很高的高度。其中 3 号木杆杆身较短，杆面倾角较大，因此使用较多，主要在球道区使用，也可在发球区使用。在球道区，球手可根据不同的球场距离等情况采用不同号数的球道木。在长草区，球道木比长铁杆更易使用，因为其杆头底部圆滑，较易滑行，且其低重心杆头较易将球击起。

（二）铁杆

铁杆，杆头比木杆薄、小，主要用于攻击特定目标，通常是整套购买和使用。铁杆分长、中、短杆，长铁杆通常指的是 1 号、2 号、3 号、4 号，5 号和 6 号为中铁杆，短铁杆则为 7 号、8 号和 9 号。近年来使用长铁杆的人越来越少，多数以球道木杆代替。目前一套标准铁杆包含 8 支杆，从 3 号到 9 号再加上挖起杆（PW），不含沙坑杆（SW）。有些成套铁杆含沙坑杆，但不含 3 号长铁杆，也是共有 8 支杆。当然，也有些成套铁杆配有 1 号铁杆和 2 号铁杆，但业余球手较少使用。铁杆按球头设计不同，可分为刀背式和凹背式两种。刀背式重心较高，较不容易打出杆头释放的感觉；而凹背式则重心较低，有的甚至做到超低重心，底部较重，甜蜜点面积较大，因而较易击中球，也可打得高些。现在市面上凹背式铁杆比较多见（见图 6-10 和图 6-11）。

图 6-10　高尔夫铁杆（一）

图 6-11　高尔夫铁杆（二）

铁杆的特点是易于保持击球的方向和控制落点。铁杆的击球部位用软铁制造，其底部比木杆底部要小，也不像木杆那样厚。铁杆挥杆重量较重，因此挥杆时容易将草皮掀起。在球道上打球时主要靠使用长短不一的铁杆控制击球距离和高度。

（三）铁木杆

铁木杆（见图 6-12），是结合长铁杆和球道木之特点而产生的球杆，所以铁木杆又叫混合杆（Hybrid）。铁木杆出现以前，高尔夫球手采用长铁杆（1 号、2 号和 3 号）处理相对较长的射程，但对大多数选手来说，使用长铁杆的难度较大。铁木杆的杆身采用了长铁杆的长度和球道木的杆头设计。此外，铁木杆采用了球道木的杆身，较轻、较软，易于挥杆，这也是众多女性选手喜欢它的原因之一。但是对水平较高的高尔夫球手而言，铁木杆并没有吸引力。因为铁木杆虽能解决击球的长距离问题，却在准确度方面不如长铁杆。所以大多职业选手没有选择铁木杆或者只选一支铁木杆，同时保持使用长铁杆。

图 6-12　高尔夫铁木杆

（四）挖起杆

根据杆头面角度的不同，挖起杆分为劈起杆、沙坑杆两种。现在较多的挖起杆杆头面角度依次为 48°PW 杆、52°GW 杆、56°SW 杆、60°LW 杆和 64°的 X-L 杆，依次相差 4°，基本上可以覆盖 100 米以内的不同射程。不同杆头面角度的挖起杆击球的高度和旋转程度不一样，射程和受风的影响程度也不同。

一套球杆一般都有两只标准挖起杆：楔形挖起杆（简称“P 杆”）和沙坑挖起杆（简称“沙坑杆”或“S 杆”）。P 杆（见图 6-13）主要攻打 90~110 米的较长距离目标球。S 杆（见图 6-14）主要用于果岭旁的沙坑和较短距离的击球，把球击高甚于击远，是较难控制的杆。

图 6-13　高尔夫挖起杆（P 杆）

图 6-14　高尔夫挖起杆（S 杆）

（五）推杆

推杆是球杆杆面倾角不超过 10°，用于果岭上推球入洞的专用球杆。当球打上果岭后或者离球洞较近、地面较平整时适合用推杆击球入洞。

除非一杆进洞或短切进洞，否则在球场上的每一洞都需要用到推杆。不是每个球手都能开出 300 码（约 274.32 米）的球，但是只要有好的推杆技巧，也是可以有很好的成绩的。推杆可以说是所有球杆中最重要的球杆之一，在一场球中，推杆数占总杆数的 40%以上，因此，我们要全面了解推杆的性能、种类、设计和功能。

推杆的形状千奇百怪，式样千变万化，如果按杆头的形状划分，不外乎两种：L 形（见图 6-15）和 D 形（见图 6-16）。L 形推杆的杆身连接于杆头底部，属于传统形状，击球时易偏离中心点。D 形推杆的杆头底部较厚，大部分品牌 D 形球杆均有杆面平衡设计来增加推杆时的平稳度，且杆底较重，容易做出钟摆动作。这两种形状的推杆无所谓好坏，只要球手拿在手上感觉舒服顺手就可以。目前大多数球手喜欢 L 形推杆，因为它的形状较接近其他球杆，前缘和后缘是两条平行线，瞄球时更容易对准目标线；而 D 形推杆后缘几乎呈圆形，感觉上不如 L 形好。

推杆的甜蜜点非常重要。每一支球杆的杆头都有一个甜蜜点，所谓“甜蜜点”，就是击球时击中了最实在、最扎实的地方而产生出一种甜密感

觉的那一点。推球的时候只要偏离甜蜜点半英寸，击出的球就会失去10%~15%的距离，球的方向也会有很大偏差。要想找到推杆的甜蜜点，方法很简单，用拇指和食指轻轻地捏住推杆握把末端将推杆提起来，轻轻地吊在那儿，可以很自然地来回摆动。另外一只手握着球Tee，用Tee的尖端轻轻敲击杆头的打击面。当敲到杆头趾部和根部时，它就往内或住外扭动，待敲到靠近甜蜜点时，这种扭动的情形会渐渐减轻以致消失。这样在打击面上来回敲几次之后，就可以在打击面上找到一小块地方（大约是半英寸至一英寸之间），无论你怎么敲，它只能使杆头向后摆动而不会左右扭动，这样的一小块地方就是推杆的甜蜜点。

图6-15　高尔夫L形推杆

图6-16　高尔夫D形推杆

力量大的人用重推杆，女性和轻柔型男子用轻推杆；在速度快的果岭上用轻质推杆，在速度慢的果岭上阻力大、球滚得慢，要用重推杆。相对来说，重一点的推杆比轻一点的推杆好，因为推球时可用杆头自身的力量将球击出，易控制距离，方向也不会偏差太大。如果推杆太轻，必须刻意加力，会使杆面内扣或打开，距离也很难掌握准。

通常认为身材高的人应使用长推杆，身材矮的人应使用短推杆。其实不然，因为高个子的手臂长，球杆的长度是由手到地面的距离决定的。推

杆的长短全凭个人习惯和需要来决定，有些人喜欢弯腰很深来推球，所以应用短推杆；有些人只是微微弯腰，所以应用长一点的推杆。

一支推杆的长度合适之后，就要检查一下这支推杆的触地角对你来说是否合适。依照你自己弯腰、瞄球的习惯来回摆动这支推杆，杆头下缘应平行于果岭，甜蜜点下方轻触地面。如果杆头前端触地或跟部触地，说明这支推杆不适合使用。如果触地角太小，而你勉强去将就它，不知不觉就会站得离球太远，瞄球就会失去准确性。反之，这个角度太大，推杆就直了起来，而靠身体太近瞄球时，眼光会落在球的外边。

第二节　高尔夫球

一、材料

高尔夫球是用橡胶制成的实心球，表面包一层胶皮线，涂上一层白漆。球的直径有 42.67 毫米，重 46 克。高尔夫球从结构上可以分为单层球、双层球、三层球、多壳球；从硬度上可以分为硬度 90～105、硬度 80～90、硬度 70 三种。

二、外形

高尔夫球表面有意制造了许多凹痕。高尔夫球的形状是空气动力学研究的成果之一，这与球体绕流（即绕球体的流动）的湍流转捩及分离流现象有关。光滑球体绕流时，湍流转捩发生得晚，与湍流对应的规则流动称为层流。层流边界层较易发生流动分离现象（即流线离开球的表面），球体迎面形成高压区，背面形成较大的低压区，产生很大的阻力（压差阻力），使球飞行的距离很短。而球体表面有凹痕时，凹痕促使湍流转捩发生，湍流边界层不易发生流动分离现象，从而使球体背后的低压区小，减少了阻力，使球的飞行距离增大。湍流的摩阻比层流要大，但与形阻相比起的作用很小，总的阻力还是变小了。高尔夫球表面的小突起也能起到促使流动分离的作用，但突起对流动的干扰有些难以控制，会造成一些侧向力（也可以叫升力）。球体规则绕流是没有升力的，旋转会产生升力，合适的升阻比会使飞行距离增大，不同的旋转方向会造成“香蕉球”的效果。

三、解剖结构

高尔夫球的解剖结构如图 6-17 所示。

图 6-17　高尔夫球的解剖结构

（一）单层球

单层球（one-piece-ball）也可以叫作一体球或一件头球，一般仅用于练习或用于练习场。球体由硬橡胶压制而成，并且涂漆。

（二）双层球

双层球（two-piece-ball）也叫作双体球或两件头球，是最常用的球。球心外面为硬橡胶或塑料，或者是其混合物（配方通常保密），厚度约为 1 毫米。由于外壳质地不同、成分不同、坚固性与抵抗力不同、硬度不同、颜色以及凹痕不同，就产生了不同的特性与效能，表现在击球的高度、远度与滚动性等方面。

从球的结构本身并不能推断出其功能如何。双层球，即由一个大的球心和一个相对来说较薄的外壳组成的球，过去称之为“远距离球”(distance balls)。球的飞行距离较长，因为它倒回旋较少，速度较快，球手击球时有硬实的击球感。采用先进的工艺手段可以制造出这种效能较高的比赛用球。这种球较软，旋转快，因而深受 PGA 巡回赛选手们的青睐。市场上大多数飞行距离远或者说抗损耗的高尔夫球均采用这一结构。

（三）三层球

三层球（three-piece-ball）也叫作三件头球，通常供水平较高的球手使用。在由橡胶或塑料或混合物做的大约相当于榛子大小的球心外面包围

着充满液体的胆，像线团状般缠绕薄橡皮条，外壳为橡胶制品巴拉塔（树胶）。高水平球手喜欢使用这种胶核液体球心球，因为击球时可以找到感觉，容易控制。但如果击球不准，也容易产生裂口和切痕。

过去爱用三层球的都是一些比较注重球的旋转和软一些感觉的球手，他们宁肯不追求把球打出远距离。现在由于使用了新结构，这种球不再有这一缺点，球的飞行速度和抵抗力都有了明显的提高。目前大多数具有最高旋转性和最佳击球感觉的球仍采用这一久经考验的三层结构。

（四）多壳球

击球越有力，球越容易变形，多层球就是根据这个原理设计和制造的，目的在于使任何击球力度都能产生最佳结果。球心的设计便于使用开球杆将球打得尽可能远；中间层适应铁杆大力击球；外壳适合获取最佳击球感觉以及半挥杆、切击球和推杆时的回旋球。

最新设计的球在球心和外壳内开始渗进钛、钨和镁等金属粉末，在球体中附加这类金属是为了增大其强度和改变球体内的重量分布。材料学是当代前沿科学之一，其研究成果运用到高尔夫球器材上已非常普遍，而且带来了一场革命性的改变。对于这种“金属球”，有的职业球手开玩笑说，要是球洞里有块磁铁就好了。

第三节 高尔夫其他用具

进行高尔夫球运动除了要有完整的套杆，还应准备其他应有装备。

一、高尔夫球运动专用鞋

高尔夫球鞋的设计很特别，表面上来看，它的样子很像休闲皮鞋，而实际上，它在形状、材质、结构和配件等方面与皮鞋的设计是很不同的，特别是鞋底的特殊鞋钉设计，既保证了良好的抓地性，又保证了透气性，使草地能够自由地呼吸，不容易损坏草地。鞋底钉还可以确保球手站得稳，有助于在不平坦的路面行走和防滑。在选择高尔夫鞋时要特别注意装嵌在鞋下的皮和底皮中的螺丝是否牢固，螺丝一旦损坏，整双鞋就宣告报废（见图6-18）。选择高尔夫球鞋的出发点是合脚，不要过大或过小，脚在鞋内应没有被挤压的感觉。为了方便球鞋的携带，应该配备专用的高尔夫球鞋包。

图 6-18　高尔夫球鞋

二、高尔夫手套

在高尔夫球运动中，为改善握把效果，球手通常会戴上手套击球，通常右手型选手戴在左手上，左手型选手戴在右手上，而女球手一般左右手都戴（见图 6-19 和图 6-20）。

图 6-19　高尔夫手套（一）

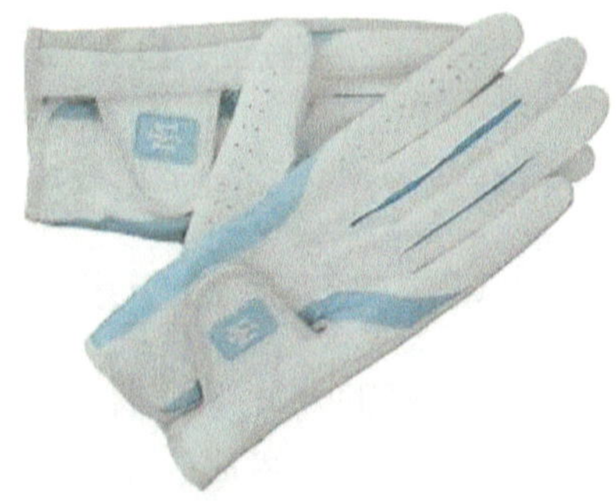

图 6-20　高尔夫手套（二）

高尔夫手套的材质基本上分为三类：真皮、PU 材料、布类。其中，真皮又分为绵羊皮、山羊皮和其他皮，也可能同时使用几种材料。

真皮手套的手感好，可以提供最佳的握杆击球感觉，是高手的选择，其缺点是易损耗、难打理，而且价格昂贵。PU 材料手套的优点是价格便

宜，但透气性和质感稍差。一些高档 PU 材料具有真皮的部分性能，它们的柔软性和手感都非常好，部分专利产品的透气性也相当高，甚至可以透过水蒸气，当然，这些产品的价格也直逼真皮类手套。无纺布（超细纤维料）和超纤布的手套是最耐打的，一般价格介于前两种手套之间，缺点是穿戴时间长了会变形。

三、高尔夫服装

高尔夫球运动不仅是一项体育运动，也是一种高雅的社交活动。既然是绅士运动，就要有绅士的形象。打高尔夫球对着装有特别的规定，这是长期历史发展沿袭下来的高尔夫文化的一部分。

早期的运动员打球要穿燕尾服，着长筒靴。随着社会的发展，服饰规定就没那么严格了。通常高尔夫服装分为上衣和裤子两部分。上衣是长袖或短袖的运动衫款式，裤子（不论长裤或短裤）是纯棉或纯毛的西裤或便装裤。圆领汗衫、吊带背心、牛仔系列服装、超短裙、过短短裤等过于休闲的服装不允许穿上场。总之，穿着要舒适得体，整洁干净，衣服应宽松，使身体能充分舒展，同时衣料质地应柔软，吸汗能力强（见图 6-21）。

图 6-21　高尔夫服装

四、球座

“Tee”这个词在高尔夫当中有两个意思：一是打高尔夫发球时球道开始的草皮略微突起的部分，即发球区或者发球台；二是指用木头或塑料制成的梢子状的球座，发球时先将它插进地面，以便将球放在上面来发球。由于球洞的长度不同，开球的球杆也不相同，使用的球座也分长短，在下场打球或比赛时球座要带充足（见图 6-22）。

图 6-22　高尔夫球座

五、标记

高尔夫球规则规定，当球打上果岭后，可以把球拿起来擦拭。为了记住球的位置，在拿起球前，需要在球的后面做上标记。到打球时，再把球放回原处，把标记拿起。标记一般用塑料制成，为图钉状（见图 6-23）。

图 6-23　高尔夫球标记

六、修钗

修钗是修理果岭的工具。由高处落在果岭上的球有时会在果岭上砸出一个小坑，或者穿钉鞋不小心划坏果岭等，都会使果岭遭到损坏。打高尔夫球时发现了以上现象，应立即主动用修钗进行修理。爱护场地是每一名运动员的职责，打高尔夫球一定要备有修钗（见图 6–24）。

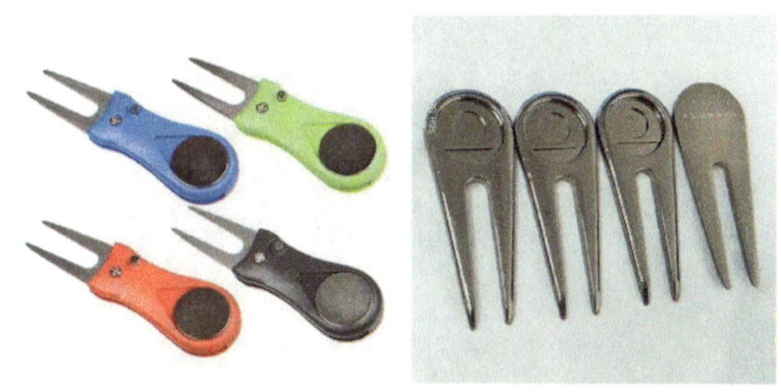

图 6–24　高尔夫果岭修钗

七、高尔夫球包

球包分为支架包、枪包、航空包、车载包、专业包等。球包除了是收纳球杆的容器，也是塑造个性的工具。对于球包的选择，在某种程度上也凸显了球手的品位，是精神层面上的一大突破。

作为高尔夫球装备，球包不仅有审美价值，最主要的作用是为球手提供极大的方便，使其除了具备收纳性，还能保护球杆，容纳琐碎装备（见图 6–25）。

图 6–25　高尔夫球包

八、衣物包

衣物包主要用来装换洗衣物以及打球专用的球鞋。此外，它还可以作为旅行时收纳随身携带的衣物、日常用品等的装备。衣物色材质多样，包括皮、革、尼龙等，其外形也可彰显使用者的个性和品位（见图 6–26）。

图 6–26　高尔夫衣物包

九、高尔夫帽

帽子在高尔夫球运动中是不可缺少的用品之一。由于比赛通常在光线充足的户外进行，太强的阳光会影响球手的视线，进而影响击球，甚至会晒伤运动员，因此球手应戴太阳帽；在下雨天打球时，球手应戴防雨帽。高尔夫球帽有很多款式可供选择（见图 6–27）。

图 6–27　高尔夫球帽

十、雨伞

高尔夫伞可以说是能拿在手上的最大的伞了，正常规格都在 25 ~ 32 寸。由于具有品质佳、外形美观大方、遮阳挡雨效果好等优点，高尔夫伞渐渐地普及开来。

（一）面料

高尔夫伞的面料多选用中高档雨伞专用面料，其中主要有 190 尼龙银胶布与 190PG 布，采用这样的面料做出来的伞往往伞面平整，淋雨后水珠很快就滑落下来。190 尼龙银胶布具有防紫外线功能，能过滤掉炎炎夏日的暑热，并且色彩艳丽，让人赏心悦目。190PG 布（又被称为碰汁布）手感柔和，极有质感，朴实无华，让人觉得稳重大方（见图 6-28）。

图 6-28 高尔夫伞

（二）手柄

高尔夫伞的手柄目前常用的有 EVA 直手柄、塑胶手柄、塑胶喷橡胶漆手柄、木手柄、塑胶包铁手柄、镀钛铁手柄等。

（三）伞骨

高尔夫伞早些年还是基本采用铁槽骨，甚至双槽骨，过于笨重。现在流行的高尔夫伞伞骨以纤维骨为主，质量轻，不易折断。也有的采用短铁槽骨、长纤维骨的混合做法。

（四）常规规格

25 寸的直杆伞就可以称为高尔夫伞。高尔夫伞较常用的规格有 27 寸×

8K、30 寸×8K、34 寸×8K，还有 16K/24K 的。其中，K 是指伞骨的根数，8K 就是 8 根伞骨。

十一、高尔夫捞球器

高尔夫捞球器是一端带有铲子的长杆，用来从积水区或其他区域收集高尔夫球（见图 6-27）。

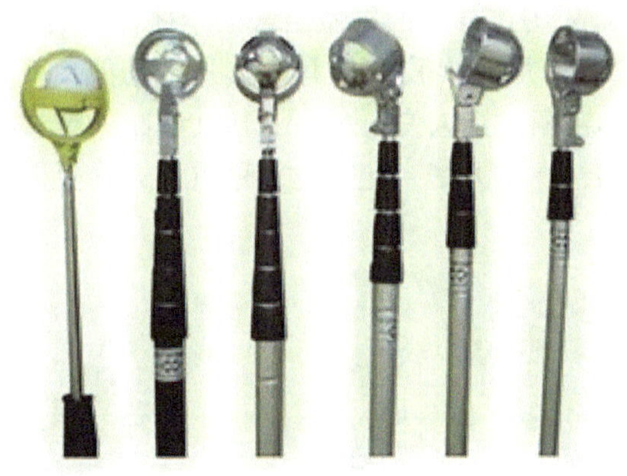

图 6-29　高尔夫捞球器

第四节　高尔夫球具的选择

对从事高尔夫球运动的爱好者和参与者，在经历了初期的学习和了解后，就具备了选择球具或更换球具时要考虑到一些相关因素和球具的技术要求。

一、了解标准的球杆组合

通常，一套完整的高尔夫球杆由以下各类球杆组成：

（1）1 号和 3 号木杆。

（2）5 号木杆、7 号木杆、2 号铁木杆和 3 号铁木杆中选择两个。

（3）中铁杆：4 号、5 号、6 号铁杆。

（4）短铁杆：7 号、8 号、9 号铁杆。

（5）挖起杆：P（Pitching）杆、G（Gap）杆、S（Sand）杆、L（Lob）杆中的三个组合。

（6）一个推杆。

二、清楚高尔夫球杆的配置

虽说高尔夫球挥杆技术是无可替代的，但是对高尔夫球新手来说，选择适合自己个人特点的高尔夫球杆，能够使高尔夫球运动更加轻松和容易，对差点较大的高尔夫球运动员来讲更是如此。

（一）铁杆的选择

应选择重力集中在杆头周围的凹背式的铁杆杆头，对杆身较短的铁杆，如8号、9号杆、P杆和S杆，尽量选择钢质杆身；对较长的铁杆，如5号、6号和7号杆，应选择较硬的碳素杆；对更长的铁杆，如3号和4号铁杆，建议选用铁木杆来代替。

（二）1号木杆的选择

尽量选择杆头面倾斜角较大、重量较轻、重心较低的杆头，选择硬度较小的碳素杆身。高尔夫球的初学者不要关注或参考高尔夫球职业运动员的1号木，因为职业运动员的挥杆技术较难模仿和掌握。

（三）挖起杆的选择

挖起杆主要包括P（Pitching）杆、G（Gap）杆、S（Sand）杆和L（Lob）杆，因为短杆是减少杆数的主要球杆，通常被称为分数杆。如果高尔夫球运动员要在自己的球包里保留所有四个挖起杆，那么他必须从球道木或长铁杆的组合中减掉某根球杆。如果选择四个挖起杆中的三个，就要根据自己的练习情况，选用挖起杆的球面和角度，使三个球杆的击球范围能够覆盖可能的距离。

（四）杆头面倾斜度的选择

杆头斜度是指杆头击球面与杆身间的角度。一号木杆的杆头斜度是9°~12°，是最能打出距离的斜度，以下每大一号即增加3°~4°，倾斜度逐渐增大，形成打高球、短距离的球杆，最后的沙坑杆和挖起杆约在54°~62°。在选择木杆时，应在自己能确实将球打起的范围内，挑选杆头斜度少的球杆；铁杆的选择则应依各杆击球距离，选择自己最易掌握及进攻的杆头斜度，杆头斜度越大，越能将球打高。挖起杆（Wedge）是球具里非常重要的一员，是降低击球杆数的最佳球杆，包括W（48°）、GW（52°）、

SW（56°）和LW（60°）杆，要根据自己的短杆技术掌握程度和感觉做出选择。

三、高尔夫球杆杆身的选择

在选择高尔夫球杆时，高尔夫球新手或初学者应该了解球杆杆身的基本要素，包括杆身材质和杆身的硬度。杆身的材质主要有碳素和钢材两种。碳素杆在重量方面较轻，帮助产生更快的挥杆速度，而钢质的杆身则有助于击球稳定。就高尔夫球杆杆身的硬度而言，一般来说，身体较弱的女子和年长者应选择硬度小的杆身，身体素质较好的选手应选择硬度较大的杆身。在杆身硬度的选择方面，可以用以下方法来检测自己所选择的杆身是否合适。

如果说运动员使用1号开球木杆的开球距离在195~225码的范围内，应选杆身硬度为R（标准Regular）的杆身，此标准杆身适用于多数的球手。开球距离在225~250码的运动员，可以考虑硬度为F（稍硬Firm）的杆身。开球距离在250~275码的运动员，可以采用S（较硬Stiff）的杆身。开球超过275码的运动员，可以考虑最硬的X-S（Extra-Stiff）杆身。

四、高尔夫球杆的保养和维修

选择自己适合的球具会使自己的成绩提高，更能体会高尔夫球运动带来的乐趣，但适合、喜爱的球具并不能经常替换，这就需要球手在使用后对自己的球具进行保养和定期的维修。

（一）杆头的日常保养

高尔夫球杆面在使用后会积累一定的污垢，可用湿布或海绵蘸水进行擦拭。杆面的凹槽经过清洗能够保证击球时杆面与球的良好接触，并增大球的自旋。高尔夫球杆杆头在使用过程中会出现不同程度的磨损，这种磨损也和球手的技术水平、使用方法有一定关系。对高尔夫球杆进行日常保养能确保球杆随时处于精良状态。以下是杆头各部分磨损的原因及一般保养办法。

杆面磨损可能由多种原因引起。杆面中心磨损严重，说明经常击球；杆头跟部和趾部有问题，要了解是球手挥杆动作有问题，还是球杆装配有问题，并分别做相应的校正和测试。趾部磨损，说明杆身过短，或者球手站位离球太远；跟部磨损，说明了相反的问题；杆底磨损，可以揭示落地

角或者挥杆的问题。正常情况下，磨损应该发生在杆底中部，即甜蜜点下方。磨损若是发生在跟部，说明落地角太大或者握杆的位置太高，用跟部击球容易导致左曲球；反之，磨损若是发生在趾部，说明落地角太小或者握杆的位置太低，挥杆太陡，用趾部击球容易导致右曲球。如有这些问题，最好向专业人士咨询，校正球杆或者击球姿势。

评估球杆性能最重要的技术参数是杆面倾角和落地角。合适的落地角有助于持续挥杆，哪怕落地角只有一度之差，都会导致击球偏右或者偏左。杆面倾角同样很重要，常见的是每套球杆中各支球杆的杆面倾角差距为3°~5°。例如，5号铁杆杆面倾角偏小，而6号铁杆杆面倾角偏大，击球的距离通常就不一样。当球杆击球时碰到树根、硬草皮或者其他坚硬的东西时，均能影响杆面倾角和落地角。为此，建议运动员每年检查这两项参数。由于杆面倾角和落地角的维护技术较强，建议拿到维修店检查。

（二）握把的日常保养

清洗握把可以增强触感和握杆的稳固性，应随时检查球杆是否干净、损坏，以保证其处于良好状态。

维护握把最简单的办法是在每次使用后仔细清洗。清洗方法很简单，用水、肥皂、刷子或者海绵把凹槽内的污渍彻底清除，然后风干或者用毛巾将水去除。清洗后，球杆的性能和接触感均增强了。除了日常维护外，运动员还应学会正确评估自己的握把状态。触感脆而干的握把，性能就会下降许多，且握把上的握痕不利于保持良好的握杆状态。建议运动员每年更换握把一次，根据自己的用杆特点选择适合的型号，可以让技术娴熟的技术人员帮助更换。要选择适合自己的尺寸和型号。例如，手心容易出汗的球手或者经常在潮湿天气中打球的运动员，就应选择相应的握把。有关节炎或者手掌很大的运动员，建议选择大一些的号。另外，握把的重量也很重要，可供选择的握把通常在38~64克。握把太轻或者太重均会影响挥杆重量、平衡性和触感。

（三）杆身的日常保养

杆身在搬运途中或在击打硬草皮、树根、沙坑过程中容易受损，因此，运动员应该经常检查杆身是否笔直，是否有弯曲或者其他损伤。如果忽视检查，万一杆身破裂，不但可能伤害到球手自己，还可能伤害到同伴、球童等人。检查杆身的办法是，将球杆平放在工作台或者桌子上，观察其是否平直。此外还应经常检查杆颈的金属箍，因为这是一个容易产生磨损的部位。一旦发现金属箍和杆头有脱离的迹象，应及时进行修补。必要时，运动员也可以考虑更换杆身，以改善球杆的性能，增加其稳定性，提高击球精确性，增加击球距离。

特殊状况下的击球与处理

一场高尔夫球比赛的击球几乎不可能每一杆都是在正常状态下进行的，造成这种状况的原因主要是球场设计师的有意为之和一些突发情况。当然，天气状况也为球员提供了接受考验的机会。

第一节　特殊状况下的击球原则

老虎伍兹说："如果你玩这项运动足够久的话，最终你会要面对某种逆境。当比赛变得残酷并且开始对你显露出它丑陋的一面时，你应对这些困难时刻的方式就决定了你作为一个竞争参与者是个什么样的人。"

一、面对困难的心态

高尔夫球运动在很大程度上是考验运动员心智的，积极、正确面对困难的心态就是良好心智的表现。首先，运动员应该认识到造成困难的是你自己，这个时候不能怨天尤人，否则会把自己带入焦虑甚至是崩溃的境地。其次，运动员应该知道，既然面临困难，就要正确地接受，此时最重要的是思考如何安全脱困，坚决避免让困难变得更困难。再次，运动员应该清楚解决困难可能需要付出一定的代价，损失半杆甚至一杆都是正常的，要弥补这些损失，就应该积极做好此后的自己。

不想面对困难，就必须在行动之前做好自己；困难出现之后，更需要做好积极、正确处理完困难之后的自己。

二、对于困难的仔细思考

既然是困难状况，那么它一定比常规状况需要运动员花更多的时间仔细观察、评价和思考。首先，运动员来到球位前仔细观察球位的困难状况，包括大概可以脱困的几个方向等，大概确定自己即将采取的最安全的方案。其次，观察和计算困难球位到目标的状况，考虑是否存在其他的危险，进一步思考尽量减少损失的第二套方案。再次，客观地评估自己的能力和击球的概率。最后，确定既能够让自己顺利脱困，又能够尽量减少损失的最优方案。

三、坚决执行

高尔夫球运动是一项智商和情商极高的项目。在经过深思熟虑之后，执行的效果就是对决策的回报，因而执行的过程更应认真而坚决。首先，运动员应该在不破坏球位环境的前提下多进行试挥，以便自己能够适应此时的击球环境、所需要的挥杆幅度和节奏，甚至可以多换换球杆进行试挥。其次，做到注意力极为专注，注意力完全在球上，尽可能准确地完成试挥的动作，坚决不去想象击球的效果。最后，完成击球前的检查工作并摆好击球前的准备姿势，此时上半身一定要保持相对放松的状态，下半身保持绝对的稳定，握杆的力量一定要适度。

从身处困境到面对困境调整心态以及观察、评价、思考最后到执行，充分展现了作为一个竞争参与者的你是一个什么样的人。

第二节　球场设计的困难球位击球

从发球台到果岭为平坦球道，其宽度最小 30 米，一般为 40~50 米，植以剪短的草皮。球道外为粗糙地带：靠近球道为宽 2~3 米的轻度粗糙区，植有剪短的野草；其外侧为重度粗糙区，有自然草丛或树林等，其间出球有较大难度。球场设计师们还在场地内精心设置了沙坑、水塘、小溪等千变万化的障碍区，不仅丰富场地的景观，更使比赛的过程扑朔迷离，也使运动员间的对抗更具挑战性和趣味性。

“救球”是运动员对处理困难球位的俗称，它是在一场比赛中发挥挥杆技术的重要组成部分，更是检验球手基本功是否扎实、心智是否完善的重要环节。

一、斜坡击球

站位时两脚不在一个水平面内，属于斜坡，左脚高右脚低是上坡，反之是下坡。无论是上坡击球还是下坡击球，挥杆的平面（杆头形成的圆）的底点应沿斜坡挥出。为了保持身体平衡，应尽可能地用肩膀带动双臂挥杆，以减少身体的旋转。

（一）上坡球位（见图 7-1）

上坡球位站位时左脚高，右脚低。保持肩膀和臀部与地势平行，身体以脊柱为中心线与斜坡垂直。这样就必定造成身体重心更多地压在右脚上，球位随坡度大小适当左移（前移）。

由于向上的斜坡会增加击球时的杆面角度，又因为球位前移，所以会

图 7-1　上坡球位

产生较高的弹道，击球的飞行距离会变短，落地后滚动的距离也会变短。因此，应选择杆号大一两号的球杆。例如，平地击球使用 7 号铁杆，在上坡击球时就要选择 6 号或者 5 号铁杆。

因为是上坡击球，球更容易飞向目标的左侧，所以应适当向目标的右侧瞄准。在击球时，挥杆动作不宜过大，上杆做 3/4 挥杆即可，送杆动作要简捷，收杆动作可以忽略；要感觉是顺着坡度向上挥杆，感觉像将球扫出去一样。

（二）下坡球位（见图 7-2）

下坡球位站位时右脚在上，左脚在下，保持肩膀和臀部与地势平行，身体以脊柱为中心线与斜坡垂直。这样就一定会造成重心更多地压在左脚，球位随坡度大小适当右移（后移）。

由于向下的斜坡会减小击球时的杆面角度，又因为球位后移，所以会产生较低的弹道，落地后滚动的距离变长。因此，应选择杆号小一两号的球杆。例如，平地击球使用 7 号铁杆，在下坡击球时就要选择 8 号或者 9 号铁杆。

因为是下坡球位，击出的球会偏向目标的右侧，所以瞄准时要适当瞄

图 7-2　下坡球位

向目标的左侧。

挥杆击球时要顺坡势引杆，上杆动作要小，做 3/4 的送杆动作。为了把球击出高度，需要尽力把球向下打，要感觉球杆追着球向坡下运动。

二、侧坡击球

侧坡球位球的位置高于双脚（球高脚低）或球的位置低于双脚（脚高球低）的球位。在这种情况下，由于击球瞬间球杆的停止角①会随坡度发生变化，击出的球会飞向斜坡较低的一侧。

（一）球高脚低（见图 7-3）

球的位置高于双脚时，站姿比正常时挺拔一些，重心在前脚掌，以抵消坡面对站位平衡的影响。

身体与球的距离近，握杆时尽量接近握把前端，向下握杆的距离随坡度而定，坡度越大握杆越短。在选杆时要予以注意，一般应选择小一号的球杆。

---

① lie 角。

图 7–3　球高脚低

站姿直挺，挥杆平面相应扁平，容易形成由内而外的挥杆路径，同时击球瞬间球杆的停止角变小，打出的球会向左弯曲，所以应瞄准目标区的右侧。

挥杆时以手臂和肩膀为主，在保持身体平衡的前提下完成挥杆。

（二）脚高球低（见图 7–4）

球的位置低于双脚，两脚距离加宽，膝关节比正常球位时弯曲，重心在靠近脚跟的位置。

身体与球的距离变远，握杆时要尽量接近握把顶端。这个时候需要选择大一号的球杆。

由于此时挥杆平面比平地击球时陡峭，容易形成由外而内的挥杆路径，同时击球时球杆的停止角变大，打出的球容易向右弯曲，所以应当瞄准目标区的左侧。而且由于身体重心较正常球位低，挥杆时要保持重心的高度和身体的平衡，所以挥杆时以手臂和肩膀为主，减少下肢的蹬转。上杆要陡一些，做 3/4 挥杆，送杆、收杆动作要简捷，击球后右脚不能离开地面。

图 7-4　脚高球低

三、轻度粗糙区和重度粗糙区（长草区击球）

轻度粗糙区和重度粗糙区（长草区击球）设置在球道、果岭、发球区或其他障碍区附近。球落入轻度粗糙区和重度粗糙区，说明球已脱离了正确路线，此时击球的第一要务是将球救上球道或直接攻上果岭。出于临场策略的需要，即便是顶尖高手，在击球过程中都无法避免在粗草或长草中击球。

（一）轻度粗糙区击球（见图 7-5）

因草的修剪程度不同而将粗草区分为第一粗草区（first cut）、第二粗草区（second cut）等。

球位埋得较深时，使用杆面斜度较大的球杆将球救回球道或直接攻上果岭。

球位后移，身体重心的 60%放在左脚上。用陡峭的角度上杆，以减少击球瞬间被草缠住而产生的失误。

杆面适当打开，以避免因击球瞬间草对杆头根部的阻扰而引起杆面关闭。

树立信心，毫不犹豫地击球。

图 7-5　轻度粗糙区击球

（二）长草区击球（见图 7-6）

长草是未经过修剪的草。

图 7-6　长草区击球

长草区击球的首要策略是正确选杆，可以选用杆面倾角较大的木杆或铁杆，长铁杆最不适宜在长草区里击球，应该选择 6 号铁杆或者更短一点的铁杆。较大的倾角有利于将球救出，送回到球道或攻上果岭。

为获得较好的控制力，握杆应靠近握把的末端。草越长，杆头被草缠绕的可能性就越大，使得杆面在击球时关闭，所以要选择杆面倾角较大的球杆并配合杆面开放击球。

站位的策略在此时尤为重要。站位靠后，人与球之间距离加大，球杆被草缠绕的概率增加；站位靠前，挥杆平面过于陡峭。由于球陷入长草之中，正常挥杆杆头无法扎实击球，采用相对陡峭的挥杆平面向下击球是行之有效的“救球”策略。如果选用较长的球杆，站位时双脚左移让球位在双脚中心线的右侧；如果选用较短的球杆，球位应该在正中间。

方正站位和杆面开放，重心向前，球位靠后，陡峭上杆，上杆幅度是正常挥杆的 3/4，向下击球，收杆只有正常挥杆的一半即可。

（三）悬浮球

悬浮球是指球处于长草中的顶部，没有接触到地面，此时最有可能碰到的情况是杆头从球的下方通过，杆面上部触击球（俗称“没能击实”）甚至击不到球。

在球附近用球杆探测球离地面的高度，以便准备击球时确定杆头的悬浮高度。此时，一定要注意探测点与球位的距离，避免使球发生移动而受罚。

双脚站位应适当窄一点，握杆稍微短一些，球位靠近左脚一侧，这样更容易形成杆头通过挥杆底点后向上瞬间的“扫击”动作。挥杆时，想象把球从顶部的位置扫出去，不应该向下击打，下肢蹬转动作也不宜过于充分。

（四）最困难的长草区击球——果岭边陡下坡位

在果岭边经常会有比较陡的下坡长草区，球处于这种状况下，即使对于高水平的职业球员而言也是非常头疼的。困难主要在于：一是几乎无法正常站位；二是挥杆力量非常难控制。所以，建议在这种球位击球时以将球安全击上果岭为第一原则。

加大双脚间的距离，右膝外翻，采取开放式站位，左脚尖指向目标左侧，球位放在更右侧，身体和球的距离比正常位小，身体重心完全由左脚支撑，保持肩与陡坡面平行，脊柱与陡坡面垂直。

选择大角度挖起杆，完全打开杆面，为了控制好球杆，应适当握短球杆。

提前翻转手腕，以肩的转动和手腕的翻转为主导，尽量避免下肢的蹬转动作。

采用由外而内的挥杆路径，延长杆面与球接触的时间，以更为陡峭的下杆轨迹，打出更多倒旋的高抛球。

四、树林障碍

平坦球道两旁绿意盎然的树林使球场显得那么和谐宜人，但是当球手失误将球击入其中，你的心情就不再会像先前那么轻松愉快了。球被击入树林，在树林障碍技术上要求球手会打出左曲球、右曲球、高飞球和低飞球，有时还可能需要使用左手击球。制定临场策略的步骤是：观察情况、选择球路和打法，然后加以实施。

（一）树下救球（见图 7–7）

图 7–7　树下救球

1. 低弹道救球

当球正好停在树下时，在正常站位的情况下，采用打低飞球的打法，压低弹道击球，使得球可以从树丛中顺利穿过。

选用杆面角度小的球杆。

正常站位，挥杆幅度控制在不碰到树枝为限。

击球瞬间，身体略向左倾，球位略微靠后（偏右脚），减小击球瞬间杆面的角度，压低弹道。

送杆很低而且比较短。

不要因为急于看击球效果而过早抬头。

在不能正常站位的情况下（以右手运动员为例），面对球道方向，球在树的右侧时，原则上只要将球击回球道即可（见图 7-8）。

图 7-8　反手球

右手单握球杆，靠近握把后端，感觉能够控制球杆。

深呼吸，放松，消除紧张感。

小挥杆，以平浅的角度击出低飞球。

2. 曲线球救球

要观察从球位到目标路径的状况，如果树与树之间的间隙足够宽，目标线上的树与球和目标有足够的允许球发生旋转效应的距离，这个时候就可以采用左曲球或者右曲球的打法。这样更容易接近目标，减少可能的损失。

站位、选杆、挥杆、击球等环节参见高尔夫球运动技术原理。

树下救球的注意事项有：

第一，受空间的影响，不能采用全挥杆的方式击球，可以在击球前做几次试挥杆来决定上杆幅度的大小。

第二，规则规定，练习挥杆时不能碰落树叶或树枝，否则将以试图改善环境罚杆。

第三，保持正确站姿，头部不要随球移动，尤其避免在进入触球区域就开始抬头看击球效果。

（二）飞越树顶（见图 7-9）

当球位与果岭之间被树林阻隔时，首先要判断球位到树林的距离和树林到果岭的距离。

图 7-9　飞越树顶

选择杆面角度适当的球杆，球位与树木间的距离不影响正常站位时，使用 9 号铁杆或劈起杆；如果树木很高，可以使用沙坑杆。

双脚略靠近，膝关节向前微曲，重心在左半边，头部保持在球位之后。

击球瞬间到送杆，保持左手腕角度不变。

右臂和肩部放松，挥杆速度比平时更慢、更柔和。

五、水障碍

多数球场的水障碍是由人工搭建而成，能救球的机会不多，尤其在球完全没于水中时。如果球位附近的地形能够让球手站住站稳，而且没有石头、树枝等妨碍球手身体或球杆的运动，一般运动员是不肯放弃而要一试身手的。要注意的是击球准备时也不能碰及水面，否则罚分。

保证站姿和杆面的方正。

从球后 5 厘米处下杆。

击球和送杆时，保持双手在杆头前面。

六、秃球位

在冬季和早春，或球场管理不善、草皮生长状况不好时，没有草的裸露地面称为秃球位。打这种球位的球更是对运动员打准球、打实球的考验。

具体应对策略是：

第一，选用劈起杆或更长的杆，如 7 号、8 号、9 号铁杆，打出低飞球或滚地球。

第二，从站位到击球瞬间，双手都要在球的前面，挥杆时保持头部与身体不摆动，形成稍微陡峭的挥杆平面，防止在触球前先击打地面。

第三，坚信自己的挥杆能力，认真做好击球前的各项准备工作，放松、专注挥杆击球。

第三节　之前球员留下的考验

球道中遍布着很多打痕，很有可能遇到球恰好落入别人的打痕中的状况。当然，如果打痕不是特别深，还是很好处理的。如果打痕是覆过沙的就更加容易处理了。还有一种状况需要我们特别仔细地去处理，否则我们自己会觉得很无辜，那就是果岭上的球痕。

一、裸露打痕中的球（见图 7-10）

◇让球位更靠近右脚，双手前移，这样才能以非常陡峭的角度把球从打痕中击出。

◇在上杆时要尽早地，曲腕形成陡峭的上杆，并用力向下击打，想象着把球压进更深的地面。

需要注意的是，球的飞行弹道很低并且滚动较远，因此，需要注意球杆的选择，角度大一些的球杆更合适。

图 7-10　裸露打痕中的球

二、沙洞球

这部分我们可以分享伍兹的经验：草地上的沙洞实际上就是一个微型的球道沙坑，这种球的打法和球道沙坑球的打法应该是一样的。

◇将球放在比平时稍微靠后一些的站位后方，这样能帮助运动员首先打到球——对这种球来说是至关重要的。

◇瞄准时站得稍微高点，这样就可以将球从沙中救出来。

◇上杆比平时更陡些，这也会帮助运动员先打到球，然后才是沙子。

◇为了能打出距离来，需要选择一支比平时长一号的球杆，这样挥杆会更容易一些，也更容易保持平衡。

◇主要用手臂挥杆，保持下半身不动，向前送杆时需要试着想象将沙洞延长。

三、果岭上的球痕

果岭本是一块经过精心修正的草坪，但是运动员进攻果岭时经常会留下球痕，虽然运动员或者球童会对球痕进行修补，但是它们还是有可能会对你想象的推击路线造成一定的影响。

首先要仔细阅读果岭，检查在自己的推击路线上是否有球痕，包括树叶、沙石等杂物。

其次是重新修补推击路线上的球痕，清理掉杂物，确定推击路线的平顺。这些操作不仅能增强推杆的信心，也能调整推杆的节奏。

第四节　特殊天气状况下的击球

高尔夫球比赛大多数情况下不会因天气的影响而停止比赛，无论是酷暑还是大风、雨雪，只要场地允许，比如没有太厚、太深的积雪和积水，没有雷电或者暴雨，比赛都会正常进行。所以，运动员与特殊天气的抗争也是高尔夫球运动竞技的一个方面。

一、在酷暑中保持凉爽

高尔夫球比赛经常会在酷暑中进行，太高的气温对运动员的体力和精神都是一种考验。这种状况下，尽量保持凉爽的感觉，不仅有利于保持相对清醒的头脑和平和的心态，更有利于保持自己固有的挥杆节奏和效果。可以通过以下方式保持凉爽：

◇尽可能穿浅色衣服。

◇为避免脱水，尽量多喝水。

◇适当吃水果（苹果和香蕉）或水果棒来使体内的钾处于高水平，吃容易消化的能量棒也是很好的选择。

◇打湿毛巾的一头作为降温的工具，另一头保持干燥，用以擦干手上和握把上的汗。

◇戴上帽子，避免阳光对头的直晒。

◇多带几只手套，必要的时候及时更换。

◇击球之前的走动尽量慢一些，以节省能量。

◇将注意力集中在自己所能控制的方面——自己的下一次击球，而不是那些自己无法控制的方面，比如说炎热。

二、严寒中保持身体机能

不像其他运动，高尔夫球比赛有时要在极端严寒的天气下进行，此时

保持体温甚至比击球更为重要。具体有以下技巧供参考：

◇穿能够帮助保持身体热量的丝质内衣。

◇外套应该比较轻，不宜穿厚重的皮大衣之类的外套。

◇因为身体的大部分热量都是从头部流失的，因此应该戴上深色帽子，羊毛的滑雪帽是较好的选择。

◇带上暖手宝，以随时保持手部的温度。

◇准备活动要做更充分、幅度更大的伸展，在每次击球前再次做伸展，以克服因为气温低而使肌肉受到的限制。

◇在两次击球之间可以走得更快点，以产生更大的热量。

◇将注意力集中在自己所能控制的方面——自己的下一次击球。

三、避免浑身湿透

在高尔夫球比赛中遇到下雨天是非常常见的，如果准备不够充分，突如其来的雨水也会毁掉一场精彩而愉快的比赛。以下是一些防水的建议：

◇使用结实、能防风的雨伞。

◇球包里多装一些手套，以便及时更换。

◇在伞里面多带一条毛巾。

◇一件好的防水外套或者防水雨衣是必不可少的。

◇多带一双袜子。

◇戴上帽子让头部保持干燥。

◇有时候需要把帽檐转到后面，这样在我们弯腰切球或推杆时雨水不会顺着帽檐滴下来阻挡我们的视线。

◇尽量保持平常的步伐和节奏，不要因为天气的残酷而急急忙忙地挥杆。

◇将注意力集中在自己所能控制的方面——自己的比赛。

四、在大风中的击球

老虎伍兹曾三次获得英国公开赛冠军，而英国公开赛都是在以风大而著称的林克斯球场进行的，这说明伍兹是一位善于在大风中打球的高手。以下我们就来看看他的建议吧：当风在咆哮的时候，我希望球在空中停留的时间越短越好。这就意味着要用低重心冲击式击球——一种很低的，战胜风力影响的击球方式，这样即使是在极端强烈的狂风下我的成绩也不会受到影响。在大风天气中击球的技巧如下：

◇挥杆前做好三项调整：将球放在离站位稍后的中间偏右的地方；选择更长一点的球杆，以减小倾斜角度，也更容易挥杆；拉宽站位以获得更大的稳定性，同时膝盖弯曲幅度比平时要更大些，有点“坐下来击球”的感觉。

◇缩短挥杆距离，保持手部的低位，低重心冲击式击球要求的就是控制。平衡是必要条件。所以，上杆动作只有3/4，同时要相信自己所选择的倾斜角度较小的球杆能够打出自己想要的距离。

◇上杆和下杆都要将挥杆幅度加宽，在击中球时挥杆角度很浅，只带起很浅的草皮。一定要避免用很陡的角度去击打球的下方，否则球会高高地飞在风中而不可控制。

◇送杆时，手位一定要保持低位，建议在皮带以下。然后以很短、很简洁的挥杆动作结束。

第五节　沙坑击球

就连伍兹都认为，沙坑球跟高尔夫球中的任何球都不同。所以，有必要将这种球位的击球单独设一节内容来讨论。

规则规定，沙坑（Bunker）是比周边低矮而且铺有沙子或裸露出地面的障碍区。沙坑分为在球道中间的正面沙坑、侧面沙坑和果岭边的沙坑。值得一提的是，白色沙坑能起到点缀球场景观的作用。

比赛时，要牢记试挥杆和瞄准时杆头都不得接触到沙坑中的沙子。在果岭边的沙坑击球并不直接打到球，允许有一定的误差，把球打出沙坑就可以。

为防止移动和保持稳定，双脚应牢固地踩入沙中。

一、球道沙坑

通常球道沙坑边缘较低，对击球路线高低的影响不大，击球方式需稍作调整（见图7-11）。球道沙坑击球要点如下：

◇采用正常站位，身体与目标线保持方正的状态，身体重心稍微左移。双脚牢固地踩入沙中，一方面可以保持稳定，另一方面可以感受沙的硬度和湿度。

图 7-11 球道沙坑

◇把球放在站立位置的后方，杆面微微开放瞄准目标，杆头微微悬空，以不触击沙为原则。

◇选择长一点的球杆，靠近握把前端握杆，以便更好地控制杆头。

◇上杆之前，将下巴从胸口微微抬起以获得较高的站位。

◇上杆比平时更陡些，这也会帮助你先打到球，然后才是沙子。

◇主要用手臂挥杆，以上半身（手臂和肩膀）的转动为主。保持下半身不动或稍微被动一点做蹬转动作，向前送杆时需要试着想象将挥杆延长。

◇用70%的力量挥杆，这样会更加准确地击中球的底部。

◇送杆时，将挥杆到高位结束，保持头部朝下直到球已经飞出去。

如果是沙坑前沿比较高而且在目标线上，那么我们就只能以牺牲距离为代价，选择一支较短、倾斜角度足够大的球杆将球击出沙坑就可以了。

二、果岭边沙坑

这种沙坑球的救球特点是：打沙不打球（见图 7-12）。具体如下：

图 7-12　果岭边沙坑

◇采取开放式站位，让身体所有部位都排成一线——脚、髋、肩膀，对准目标的左侧。这样是为了从外向内的挥杆而做的准备，在击球瞬间杆头会穿越沙子抵达球的位置。

◇将杆面打开，瞄准目标的右侧，这样能增加杆面的倾斜角度，击出又高又轻柔的球，还可以增加杆头底部的反弹力。

◇握杆时，左手需要放松，左手手背朝向目标的方向。

◇将球位往前放以增加球的高弹道，同时有利于杆头更轻松地穿越沙子。

◇因为没有必要打出很远距离，所以应该缩小上挥杆，高度到达肩部就足够了。

◇上杆时屈腕，形成陡峭上杆角度，在整个击球过程中都要保持住屈腕动作。杆头速度主要来自手和肩，所以髋和脚几乎没有什么动作。

◇挥杆主要是由右手来控制的。击球时，动作像是在抛一个球，向前打，不用打得很深，利用飞起的沙将球捧起，不减速，完成送杆。

◇泰格说，打果岭边的沙坑球，他所用的力量绝对不会超过他打 40 码左右球道球时的力量。

◇用击打沙量决定击球的距离或者球的滚动。如果希望球落在果岭后继续滚动，那就瞄准球后面大概 3 英寸（约 7.62 厘米）下杆，这样会扬起大片的沙子，而球几乎不会有任何的回旋；如果希望将球打得很高同时能迅速停下来，就需要瞄准球后面大概 1 英寸（约 2.54 厘米）甚至更少点下杆，这样的球会有比较强烈的回旋，很快能停下来。

三、"荷包蛋"打法

把球的一半以上陷入沙中的球位称为"荷包蛋"（见图 7-13），这时的首要目标是将球打出沙坑。"荷包蛋"打法要点有：

图 7-13　"荷包蛋"打法

◇因为球埋得比较深，杆头必须尽可能深地穿越沙子，所以瞄准时应以球后大概 2 英寸（约 5.08 厘米）为下杆点。

◇瞄准时将站位尽量拉开，以便打出一个很陡、由外向内的挥杆线路。

◇将身体向左倾斜，保持脊柱更加垂直而不是偏向右侧。

◇打开杆面，手的位置应位于球的前方。

◇上杆陡峭，用力切进球后面 2 英寸（约 5.08 厘米）处的沙中。为使上杆陡峭，可以基本没有引杆动作，球杆有直上直下的感觉。击出的球弹道较低，滚动距离较长。

◇注意力集中在击球瞬间，不用考虑送杆动作。

◇目标不要直接选择球洞，在“荷包蛋”与球洞之间的球洞区上选择一个合适的目标点，把球击向这个区域，让球落地后滚向球洞。

在这种球位击球，首先需要忘记完美，因为这个时候不是要打出又轻柔又舒适的挥杆，而是安全脱离困境。我们需要做出很大的努力来完成这样的击球，右手要额外施加力量。这时的挥杆方向是向下而非向前，击球后几乎做不出后续的送杆动作，因为沙子的阻力会让杆头在不到 1 英尺（约 30.48 厘米）的距离内就停下来。

四、高尔夫球中最难打的球——距果岭 30~50 码的长沙坑球

在电视转播中，我们经常会看到一些职业球员在距果岭 30~50 码的长沙坑或连着的两个沙坑中救球失误，确实这种球位是高尔夫球中最难打的球，连伍兹都这么认为。因为，对于果岭边的沙坑球的处理方法来说太远了，对于球道沙坑的处理办法来说又太近了。伍兹说，他试过用不同的球杆来打这种球，根据球停的位置，从沙坑杆到 8 号铁杆都是可以选择的。击球要点如下：

◇调整身体姿势。因为打这种球就像打球道中间的全挥杆一样，需要做很多的身体动作，所以需要将双脚和肩膀的距离朝着目标线路稍微拉开一些，但是不能拉得太开，否则会限制自己自由转动身体；又要足够开，以让杆头沿着朝前的线路（而不是从目标线路的内侧）靠近球。

◇杆面要成直角，球要轻微向前。打开杆面可以增加倾斜角度，就能将球打高，但是可能不会飞足够达到果岭的距离。这个时候应该将杆面上的线槽和目标线保持垂直。瞄准球位后方大概 1 英尺（约 30.48 厘米）的地方下杆，以便击中球前只带起一点点沙子。精确就是一切：带起的沙子太多，球的飞行距离就会太短；一点沙子都不带起或者打薄的话，球就会直接飞过果岭。

◇控制好挥杆的力量。在这种球位击球，需要打出我们所能打出的最大杆头速度，所以上杆时的幅度要尽可能大，以感觉舒服为宜。挥杆时，保持头部的静止和挥杆的流畅，才能产生精准的击球；以很大的加速度向前挥杆，并注意保持动作的充分和完整。

高尔夫球运动损伤

在高尔夫球运动中发生的各种损伤统称为高尔夫球运动损伤，它的发生与运动技术的形成、训练安排、运动环境、运动者的自身条件有着密切的关系。高尔夫球运动损伤对运动员所造成的影响是严重的，不仅影响正常的训练、比赛，还会直接妨碍运动成绩提高，减少运动寿命。对于高尔夫球爱好者来说，也将影响其健康、学习和工作，妨碍其正常参与高尔夫球健身活动。

第一节　高尔夫球运动损伤的种类

一、肌肉拉伤

肌肉拉伤是高尔夫球运动中最常见的运动损伤之一，是指肌肉主动强烈的收缩或被动过度拉长超过了肌肉本身的承受能力而造成的肌肉细微损伤、肌肉部分撕裂或完全断裂。在高尔夫球运动中，肩部肌群（三角肌）、颈部前侧肌群（胸锁乳突肌等）、颈部后侧肌群（斜方肌上部、竖脊肌颈部段等）、肘内侧肌群（即屈腕、屈指肌群）、腰背肌躯干旋转肌群（腹内、外斜肌）、髋部旋转肌群（臀大肌、臀中肌、臀小肌）、大腿内收肌群、膝关节（股外斜肌、股内斜肌）和踝关节周围的肌群等都容易发生肌肉拉伤。

二、关节韧带扭伤

关节韧带扭伤是指在外力的作用下（一般为间接外力），关节在运动过程中发生超出正常范围的活动，以致造成关节囊韧带的损伤。高尔夫球运动中最常见的扭伤部位是踝关节、膝关节、腰、肩关节和肘关节等。

三、腱鞘炎

腱鞘主要分布在跨越手指、手腕、肩、踝关节等部位的肌腱上，其作用是减少肌腱活动时与相邻肌腱的摩擦。腱鞘炎是由于局部运动量过大而引起的一种不适应性炎症的反应，多发生于手腕、掌指关节、脚踝侧后部、肘关节内外侧、肩前后部位等。高尔夫球运动中击球动作的特点使得上述部位肌肉反复收缩牵拉肌腱，导致这些部位的腱鞘受到过度的摩擦和挤压而引起发炎，具体症状是在做挥杆动作时感到这些部位的疼痛，平时也会有不同程度的压痛感觉。

四、肌肉痉挛

肌肉痉挛是肌肉发生非自主性强直收缩的一种表现，肌肉痉挛多在游泳、足球、举重、长跑等运动时间长、运动强度大的项目中出现，多由肌肉疲劳、动作不协调、寒冷刺激等引起。高尔夫球运动恰恰是一项超长时间的运动，一场比赛下来往往需要4~5个小时，而且需要步行10公里以上，所以它也是一项比较容易发生肌肉痉挛的运动。最易发生痉挛的肌肉是小腿腓肠肌，其次是足底的屈拇肌和屈趾肌。肌肉痉挛的主要症状是局部疼痛、僵硬，可能由运动时或运动后的损伤引起，也可能由高热、癫痫、低钙血症等疾病导致。

五、起水泡

起水泡虽然不是严重的运动损伤，但是在高尔夫球运动中，它在很大程度上会因影响运动员的注意力，进而直接导致成绩的不理想。如果对起水泡的部位处理不当，很有可能引起感染，最终影响到运动员的训练和比赛。高尔夫球运动中容易起水泡的部位主要有拇指关节内侧、掌际与握把后部相接触的部位、前脚掌、脚趾等部位。

六、晒伤

高尔夫球运动是一项以户外为主的运动项目，运动员经常会在阳光充足的天气下长时间在户外活动。如果不注意保护皮肤，可能会被晒伤。因为太阳光中的紫外线会破坏最外层的皮肤细胞，并损害微血管，使皮肤产生红肿和疼痛。严重时，皮肤可能会起水泡，运动员会感到头晕目眩，也可能因出汗而产生脱水现象。

七、风伤

在寒冷刮风的天气下打球，如果不注意保护，冷风刮过脸颊后，脸颊可能会产生红肿的现象，其症状和感觉类似于烧伤，这是皮肤表层过度干燥引起的发炎现象。风伤和晒伤有些类似，却没有晒伤那么严重，一般几天后会自行痊愈。但是如果皮肤有感染现象或变白、起水泡，而且相当疼痛，就可能形成冻疮了，应及时去看医生。

本书后面不再提及晒伤和风伤，高尔夫球运动员和爱好者们适当增加日常生活知识就可以避免这两类损伤。

第二节　高尔夫球运动损伤的发生

一、高尔夫球运动技术形成的过程

高尔夫球运动的核心技术是挥杆。挥杆看似简单，其实是全身骨骼肌和运动关节参与，形成完美的动力链，以旋转为主的复杂的技术动作。因此，整个动作的各个环节的不合理都有可能造成相关部位的运动损伤，尤其是在运动技能形成的各个阶段。与其他运动项目一样，高尔夫球运动技术的形成也划分为泛化阶段、分化阶段、巩固阶段以及动作自动化阶段四个阶段。

（一）泛化阶段和分化阶段

技术形成的泛化阶段和分化阶段是掌握高尔夫球技术动作的初中期，此阶段的损伤主要出现在肘关节、手腕关节以及腰部的急性扭伤。

我们平时的生活运动中，上下肢以及身体其他部位的运动都以屈伸运动为主，而高尔夫球运动是由下而上的，以身体旋转做功为主。身体旋转运动技能的内在规律还未完全被大脑理解，大脑皮层内抑制过程尚未确立，大脑皮层中的兴奋与抑制都呈扩散状态，使条件反射暂时联系不稳定，动作往往表现得僵硬和不协调，不该收缩的肌肉收缩，出现多余的动作，击球时要么打不到球，身体紧张的旋转力并未作用到球上，而是作用于左侧腰和肩这两个部位，造成急性扭伤。而击球时打出剃头球或者提前击中地面，手腕和肘关节会因为受到附加的冲力而挫伤或扭伤。因此，在练习初期，一定要多想和多记忆正确动作的模式，站位时要用意念让自己放松肌肉，多进行有节奏的空挥杆练习，随着挥杆练习次数的增加，慢慢进入分化阶段，动作的协调性逐渐提高，练习中肌肉过度紧张逐渐消除。由于大部分错误动作得到纠正，练习者能比较顺利和连贯地完成技术动作，当然，此时的挥杆技术依然没有达到稳定的状态。

（二）巩固阶段和动作自动化阶段

高尔夫球挥杆技术的巩固阶段和动作自动化阶段是高尔夫球练习者大量击球练习的阶段，此时主要出现的是背肌、腰肌、膝关节等部位的损伤。

在高尔夫球挥杆技术动作已经掌握的前提下，对于球的打击距离和准确性又有了更高的要求。这两个阶段的击球距离较前两个阶段更远，也更稳定，动作也越来越优美，成就感也随之增加，练习者很自觉地愿意多练习。在这个练习过程中，由于反复做同一动作，所以身体局部负担过大而易引起损伤，特别是膝盖和左侧腰背肌群。以右手运动员为例，高尔夫球挥杆旋转动作从右侧启动，左侧需要起到支撑和平衡的作用，因而身体的左侧很容易吸收因挥杆释放而产生的能量，超量的、反复的吸收就容易造成参与工作的肌群和关节的损伤。而且由于高尔夫球运动是一项以肌肉爆发力、身体协调力以及机体柔韧性等身体素质为主的运动，当挥杆能力不断提高的时候，练习者忽略了同步提高身体素质，也极易导致这些部分的损伤。

二、比赛、教学或训练课组织不当

（一）运动安排的不合理

热身运动不充分，身体某些部位肌肉的生理机能尚未达到运动强度所需的状态。

运动负荷过大，疲劳积累容易造成肌肉机能、力量减弱，协调性下降，产生错误的技术动作。

长杆练习过多，自身的肌肉弹性和力量无法支持太大挥杆强度。

身体素质练习过少。不能适应或者制约挥杆技术水平的提高，在转身速度过快或挥杆力量过猛的情况下，对自身缺乏足够的保护。

（二）缺乏医务监督

对运动损伤的伤害程度认识不足，未能积极地采取医务监督的手段，让有伤病或过度训练的运动员参加运动，导致运动损伤的发生，妨碍运动伤病的康复。

（三）不遵守训练原则，缺乏保护

高尔夫球训练尤其需要注重循序渐进的原则，技术的进步必须有相应的身体素质和心理素质的支撑，操之过急可能会造成运动损伤。另外，在进行身体素质练习的过程中，缺乏对相应部位的保护，也容易发生运动损伤。

（四）竞赛组织安排不当

高尔夫球比赛都是逐洞赛，应按照要求一洞一洞完成，如果在场地中有逆向行进或者跳洞比赛的话，可能会出现被球击伤的情况。后一组球员击球时，前一组球员必须远离击球范围，否则容易被击伤。

（五）场地器材不合要求

高尔夫球球杆是有重量和硬度等方面的区分的，使用不适合自身条件的球杆击球会造成一定的运动损伤。例如：女子的力量相对较弱，如果使用过重过硬的球杆，会造成比较严重的运动损伤；在坑洼、泥泞、潮湿、过硬的场地打球，也容易导致各种运动损伤的发生。

三、打球者的不良生理状态

打球者在自身处于疲劳、病后、精神紧张、掌汗或胼胝等情况下，还继续坚持大运动量练习时，不仅会因为体力不支而造成运动损伤，还会因注意力下降而错误地挥杆，造成运动损伤。

四、不良的气候因素或突变的环境因素

在雨后路滑、光线不足、气温过高或过低、有时差、海拔高度有变化等情况下，练习者会因为不适应环境而产生抵触情绪，挥杆会变得盲目，无法控制节奏，从而埋下了发生运动损伤的隐患。

第三节　高尔夫球运动损伤的预防

高尔夫球运动损伤有些由单次发力过猛所致，有些则是多次微小损伤累积的结果。为避免高尔夫球运动损伤，必须注意以下方面。

一、训练方法要合理

要掌握正确的训练方法和运动技术，科学地增加运动量。

（一）练习时应循序渐进，先易后难

练习者应先小后大，逐渐加量，并最终找到适合自己的运动负荷。在初期练习时，比较安全的方法是一周 2~3 次左右，慢慢到最多一周 5 次，如果出现疼痛，就要停止练习。不要在疼痛阶段继续练习，这样会造成永久的伤病。

如果24小时疼痛不减轻，必须马上寻求医生的帮助。在学习技术动作时最好有教练指导，规范的动作有利于技术提高，更有利于防止不必要的损伤；应先学习简单的动作，掌握基本动作以后再学习复杂动作。

对于不同性别、年龄、水平及健康状况的人，训练时在运动量的安排上应因人而异。例如，年龄小的人应把全面身体训练和专项身体训练结合起来，并以全面身体训练为主，训练时间要短些，强度、密度要小些。

（二）练习过程中要注重身体基本素质锻炼

要适当进行肌肉力量练习，以加强肌肉力量，增加肌肉感受性，这样可以更好地保持关节稳定性，延长运动时间。足够的肌肉力量和良好的感受性是完成各种技术动作的基本保证。

（三）练习时应进行多种球杆技术相互补充

有些人由于兴趣原因，总是长时间重复某种球杆的练习，尤其是长杆的练习，造成某些关键部位的慢性损伤。为了防止这些不必要的损伤，应当各种球杆相互配合，全面提升挥杆技术。

二、准备活动要充分

和其他运动项目一样，在实际工作中，我们发现不少运动损伤是由于准备活动不足造成的。因此，在训练前做好准备活动十分必要。准备活动可以提高中枢神经系统的兴奋性，克服机体机能活动的生理惰性，为正式练习做好准备。准备活动还能增加肌肉中毛细血管开放的数量，提高肌肉的力量、弹性和灵活性，同时可以提高关节韧带的机能，增强韧带的弹性，使关节腔内的滑液增多，防止肌肉和韧带的损伤。在进行准备活动时，既要使躯干、肢体的大肌肉群和关节充分活动开，也要注意各个小关节的活动。准备活动还应增加一些专项素质的内容，天气越冷，热身的需要时间越长。人的身体就像汽车一样，只有经过充分的准备活动，才能使肌肉和关节达到最佳的状态，能减少运动伤害。

三、注意间隔放松

训练中，每组练习后，为了更快地消除肌肉疲劳，防止由于局部负担过重而出现运动损伤，组与组之间的间隔放松非常重要。一些运动员在间隔时间内往往站在一旁不动或千篇一律地做些放松跑，这样并不能加快机体疲劳的消除，再进行下组练习时还易出现损伤。由于各个项目的练习内

容不同，间隔放松的形式也应有所区别。例如：在着重于上肢练习的项目间隔时间，可做些放松慢跑；在着重于下肢练习的项目结束后，可以在垫子或草地上仰卧，将两腿举起抖动或做倒立。这样既可以促进血液的回流，改善血液的供给，也可以使活动肢体中已疲劳的神经细胞加深抑制，得到休息，这对于消除疲劳及防止运动损伤有着积极意义。

四、防止局部负担过重

身体某一部分组织进行长期的、单调的练习，而不注意调整，容易积累多次、反复的损伤。这种损伤多见于关节、肌腱、腱的附着部和负重的骨组织。防止积累性损伤，单纯地依靠医学治疗往往难以收到理想的效果。对微小损伤，应重视治疗，停止局部训练，避免反复损伤，使受伤的组织有一个安静的修复过程和条件。在身体素质训练中，运动量过分集中，会造成机体局部负担过重而引起运动损伤。例如：膝关节半蹲起跳动作过多，易引起髌骨损伤；过多地练习鸭步，可引起膝内侧副韧带及半月板的损伤。在训练中应避免单调片面的训练方法，防止局部负担量过重。

五、加强易伤部位肌肉力量练习

据统计，在运动实践中，肌肉、韧带等软组织的运动损伤最常见。因此，加强易伤部位的肌肉力量练习，对于防止损伤的发生具有十分重要的意义。例如，加强股四头肌力量的练习可以防止膝关节损伤，而要防止肩关节损伤，则应加强三角肌、肩胛肌、胸大肌和肱二头肌的练习。

六、使用必要的运动护具

在许多运动中，使用运动护具是非常必要的，如手套、护腕、护膝、护肘等护具的使用，可以极大地防止很多严重运动损伤的发生。另外，一双合适的运动鞋及适合自己的运动装备（如球杆等）也可明显减少运动损伤。

七、补充电解质

运动时会大量出汗，许多电解质成分也会随汗液排除，练习者要及时补充这些流失的电解质，否则会发生肌肉抽筋等情况，进而导致运动损伤的发生。比较简便有效的方法就是饮用运动型饮料。这些饮料中一般会含有人体所需要的各种电解质。

除上述几条以外，搞好医务监督、遵守训练原则、加强保护、注意选择好训练场地，也是预防运动损伤的重要内容。

第四节　高尔夫球运动损伤的治疗

一、运动损伤的治疗原则

（一）合理安排伤后训练

合理安排伤后训练是治疗运动损伤的首要内容，其意义在于保持运动员在训练中已经获得的训练效果，一旦伤愈即能迅速投入正规训练，可以防止因伤后突然停训而引起的“停训综合征”。伤后训练可以通过肌力练习防止伤部肌肉萎缩，加强关节稳定，加速血液循环，改善伤部组织代谢与营养，消除粘连，刺激生长，缩短修复时间，还可以使伤部得到适当休息。运动员受伤后应尽量避免完全停止训练，为达到合理安排的目的，必须采用“三结合”的工作方法，即医生首先根据伤情、损伤机理、解剖弱点等提出应避免或减少哪些动作，应加强哪些肌肉的练习，接着教练员提出全面及伤部训练的具体计划交运动员研究试用，并详细记录其反应，最后再共同修改制订新的计划。只有这样反复实践，才能使计划较为科学。

（二）使用支持带及保护带

使用支持带及保护带的目的是防止再伤和稳定已受伤关节，使运动员能迅速投入训练。

（三）加强局部治疗

局部治疗如按摩、理疗、外敷药、局部封闭，对止痛、改善伤部代谢、消除水肿、加速愈合、消除疤痕粘连与萎缩等均有一定效果，但局部治疗必须适时适当，如系严重损伤，应根据情况采用手术或非手术治疗，如石膏或夹板固定等。

（四）注意全身治疗

运动损伤的发生常与全身状态不良有关，治疗时也应注意全身状态的改善，必要时补给维生素 B_1、C、E 等。

二、运动损伤急救

这里介绍两种常见的运动损伤的简易急救技术，虽然在高尔夫球运动中不常见，但是有备无患。

（一）止血

出血可分为外出血和内出血两种。在开放性损伤中，血管因受伤破裂而致血液自伤口向体外流出称外出血。这里先介绍外出血的止血法。

1. 加压包扎法

发生小的外伤、毛细血管或小静脉出血时，流出的血液易于凝结，在伤口部盖上消毒材料，然后用三角巾或绷带加压包扎即可。

2. 指压止血法

指压止血法一般用于动脉止血，即用手指将出血动脉的近心脏端，用力压向其相对的骨面，以阻断血液来源而达到临时止血的目的。

3. 止血带止血法

四肢大动脉出血，不易用加压包扎或指压法止血时，可用止血带（橡皮带或其他代用品）缚扎于出血部的近心脏端。应用止血带，不能直接压在皮肤上，先要将上止血带的部位用三角巾、毛巾等软物包垫好，将伤肢高抬，再扎上止血带，其松紧度以能压住动脉血流为原则，缚后以肢端蜡色为宜，如果呈紫红色，则以能压住动脉血流为原则适当放松，如系上肢应每隔 20~30 分钟，如系下肢应每隔 45~60 分钟放松一次。上止血带后，必须记录好止血带的部位与时间，并将伤者迅速送医疗单位。

（二）包扎

包扎有保护伤口、减少感染机会、压迫止血、固定骨折和减少伤痛的作用，是损伤急救的主要技术之一。包扎常用的材料有绷带、三角巾等。如果现场没有这些材料，可用毛巾、衣物等代替。包扎动作应力求熟练、软柔，松紧适宜。这里介绍绷带或类似绷带材料的几种包扎方法。

1. 包扎法

包扎法常用于肢体较小部位的包扎，或用于其他包扎法的开始和终结。包扎时打开绷带卷，把绷带斜放在伤肢上，用手压住，将绷带绕肢体包扎一周后，再将带头和一个小角反折过来，然后继续绕圈包扎，第二圈盖住第一圈，包扎 3~4 圈即可。

2. 螺旋包扎法

采用螺旋包扎法包扎时，绷带卷斜行缠绕，每卷压着前面的一半或1/3。此法多用于肢体粗细差别不大的部位。

3. 反折螺旋包扎法（螺旋包扎法）

采用反折螺旋包扎法时，用一拇指压住绷带上方，将其反折向下，压住前一圈的一半或1/3。此法多用于肢体粗细相差较大的部位。

4. “8”字包扎法

“8”字包扎法多用于关节部位的包扎。在关节上方开始做环形包扎数圈，然后将绷带斜行缠绕，一圈在关节下缠绕，两圈在关节凹面交叉，反复进行，每圈压过前一圈一半或1/3。

三、高尔夫球运动损伤常用急救处置方法

高尔夫球运动损伤常用急救处置方法可概括为RICE，即休息（R）、冰敷（I）、压迫（C）和抬高（E）。

（一）休息（R=Rest）

字母R代表休息（Rest）。要求运动员停止受伤部位的运动，受伤后好好休息，以促进较快的复原。

（二）冰敷（I=Ice）

字母I代表冰敷，即将冰敷袋置于受伤部位，受伤后48小时内，每隔2~3小时冰敷20~30分钟。冰敷时皮肤的感觉有四个阶段：冷→疼痛→灼热→麻木。当感到麻木时，就可以移开冰敷袋。大约要冰敷20~30分钟，移开冰敷袋之后，在受伤部位以弹性绷带包扎并抬高。

冰敷可以使血管收缩，减少伤处的肿胀、疼痛及痉挛。受伤之后立即使用冰敷，可以减少肿胀，缩短复原的时间。

冰敷的方式有：

第一，冰袋。以双层塑料袋或湿毛巾装入碎冰置于伤处皮肤上，若运动员皮肤会对冰过敏，则以一层湿的弹性绷带包裹伤处，再将冰袋置于伤处上，最后用剩余的弹性绷带固定冰袋。

第二，化学冷敷随身包。包中含有两种化学囊，通过挤压使两种化学品混合，产生化学反应，从而达到冷却的效果。当无法取得冰块时，化学冷敷随身包就派得上用场。但冷敷包很快会失去冷却能量，而且只能使用一次，昂贵且不实用，并有渗漏腐蚀皮肤的危险。

使用冰敷袋的注意事项有：

第一，冰敷袋每次使用不要超过 30 分钟，因为可能会发生冻伤或神经伤害。

第二，不要让冰袋直接接触皮肤，以湿的弹性绷带或冰毛巾保护皮肤。

第三，运动员如果有循环系统疾病，如雷诺氏病（肢端之间歇性苍白或发疳，系由寒冷所引起的动脉痉挛），则不可使用。

第四，不要太早停用冰敷袋而转用热敷，太早使用热敷会引起肿胀与疼痛，伤后二日内每天使用冰敷至少 3~4 次。伤害较严重的，建议在使用冰敷三日后且肿胀有明显消退时再使用热敷。

第五，在非常酷冷的环境下，不使用湿的弹性绷带或湿毛巾。

（三）压迫（C=Compression）

字母 C 代表压迫，压迫使伤害区域的肿胀减小。以弹性绷带包扎于受伤部位，如足、踝、膝、大腿、手或手腕等部位，以减少内部出血。

包扎压迫时，从伤处几寸之下开始往上包，大约在一半左右做螺旋状重迭，以平均而加点压力的方式逐渐包上，经伤处时则应用力小一点。

以弹性绷带最大长度 70%的紧度来包扎能获得充足的压力。观察露出脚趾或手指的颜色。若有疼痛、皮肤变色、麻痹、刺痛等症状出现，则表示包得太紧，应解开弹性绷带重包，避免肿胀。使用弹性绷带包扎 18~24 小时。踝关节扭伤包扎时可以用 U 形衬垫加压于踝突周围。

（四）抬高（E=Elevation）

E 代表抬高，即抬高伤部，加上冰敷与压迫，减少血液循环至伤部，避免肿胀。伤处应高于心脏部位，且尽可能在伤后 24 小时内抬高伤部。当怀疑有骨折时，应先固定夹板再抬高，但有些骨折是不宜抬高的。

四、高尔夫球运动常见运动损伤的处理方法

（一）肌肉韧带拉伤

内因：训练水平不够，柔韧、力量、协调性差，生理结构不佳。

外因：准备活动不充分，场地、气温、湿度、上课内容不好，教练专业水平不够。

预防：选教练、场地及适当的课程，在正常天气情况下锻炼，准备活动充分，循序渐进。

处理：24 小时前为急性期，停止运动、冷敷、包扎、抬高受伤部位。24 小时后为恢复期，配合按摩、微动、康复或恢复性锻炼。

（二）关节扭伤

内因：技术掌握不好，协调性差，关节周围肌肉力量小，生理结构不佳，疲劳导致体力不足。

外因：准备活动不够，场地滑，器材使用不当，教练、内容不好（动作速度快、转、跳多）。

预防：准备活动充分，了解设备使用，循序渐进，让教练或自己放慢速度。

处理：24 小时前为急性期，停止运动，冷敷、包扎、抬高受伤部位。24 小时后为恢复期，配合按摩、微动、康复或恢复性锻炼。

（三）运动疲劳

表现：心悸，心跳过速，运动后血压、脉搏恢复慢，内脏感到不适，血尿，人发冷多汗，脸色白或红，头痛、头晕、身虚，感到筋疲力尽。

原因：训练方法不对，不循序渐进，运动量过大，训练时间过长，休息不充分。

预防：合理安排训练时间，注意劳逸结合。

处理：调整锻炼计划，运动量必须循序渐进，进行系统、全面训练。

（四）重力性休克

表现：头晕，眼发黑，心难受，脸苍白，手发凉，严重时晕倒。

原因：运动时血液都供应下肢，突然停止运动时静脉血回流不够，脑缺血缺氧，产生脑贫血。

预防：强度运动后，不要马上停止运动。

处理：让患者平卧，脚垫高，头低于脚，从小腿顺大腿按摩。

（五）肌肉痉挛

表现：腿和腹部的疼痛和抽筋现象。

原因：经常在冷的地方锻炼，喝冷饮料，不做伸展运动和按摩，不喝盐水会使病情更严重。

预防：注意选择良好的锻炼环境，准备活动要充分。

处理：休息，让练习者到良好的环境去放松、休息。

（六）运动腹痛

原因：肝脾瘀血，慢性腹部疾病，呼吸肌痉挛（准备活动不够，肺透

气低，运动与呼吸不协调），胃肠痉挛（运动前吃得过饱，饭后过早运动，空腹或喝水太多）。

预防：运动前进行健康检查，合理安排运动饮食，吃饭前后 1 小时运动，不空腹，也不喝水太多。

处理：减慢运动速度，加深呼吸、调整运动呼吸节奏，手按疼痛部位，实在不行停止运动，口服减痉挛药物（阿托品、十滴水）。

（七）脚底筋膜炎和神经刺痛

原因：脚底频繁压力过大产生的疼痛，原因是道路不平整、鞋子不合适、脚的生理结构不好。

预防：准备活动要充分（包括脚部的准备活动）。

处理：注意放松休息，辅以适当按摩、热水澡。

（八）肌腱、小腿肌痛

原因：经常提脚跟造成的。

预防：运动前后的准备活动和放松要多伸展肌腱、小腿肌。

处理：注意放松休息，按摩，洗热水澡，做伸展练习以减轻疼痛。

（九）半月瓣症

原因：半月瓣症一般由过度膝部动作、跑步造成，此症发生时常会有“咔”的响声。

预防：减少过多的膝部动作，减少转体、跳等撞击动作。

处理：注意放松休息，按摩，热水洗。

（十）关节炎、黏液囊炎

原因：过度训练。

处理：休息和看医生。

骨关节炎是由软骨的磨损造成的，可使关节肿大、水肿。

（十一）腰肌劳损

原因：练习方法不当（如仰卧起坐时不屈腿）、急于求成而致疲劳损伤。

预防：学习正确的动作技术，不急于求成。

处理：注意放松休息，按摩，洗热水澡。

（十二）颈椎疾病

原因：练习方法不当（如仰卧起坐时不抱颈）、颈部运动过多而致疲劳损伤。

预防：学习正确的动作技术，颈部运动不要过多。

处理：注意放松休息，按摩，洗热水澡。

（十三）胫骨膜炎

表现：胫骨前骨膜与骨有剥离的感觉，产生疲劳、酸痛感。

原因：练习方法不当，地面不平，小腿的肌肉发展不平衡，突然的压力。

预防：学习正确的锻炼方法（如不要做长时间的连续跳跃动作、上下踏板动作）。

处理：注意全面锻炼，练习后要放松休息，适当按摩，洗热水澡，做伸展练习以减少疼痛等。

五、高尔夫球运动常见部位运动损伤的预防

（一）膝关节

此部位受伤多发生在专业球手身上，以右手运动员为例，为到达并保持在高水平状态，其往往需要大量的练习来巩固运动技能。

1. 股外斜肌、股内斜肌的力量练习

采用的方法为负重半蹲起，练习时双手于肩两侧握住杠铃，放置于后背肩带处（最大负重值的60%），上身直立，脚掌、脚踝、膝盖依次发力屈膝半蹲起，不需要下蹲至最低点，保持合理的节奏，练习4~6组，每组10~15个。

2. 十字韧带、内侧副韧带及内侧半月板的拉伸练习

采用的方法为反叠法，练习时跪在垫子上以膝盖为反叠轴，身体向后倒直至背部靠近垫子，视个人能力选择适合自己的反叠程度，维持20秒，做3~5组。

（二）腰背肌肉群

这个区域的大肌群受伤的概率相当高，初期和中后期都容易损伤。

1. 大腿后侧肌群、躯干旋转肌群、下背部的拉伸练习

采用的方法为关节肌肉拉伸，练习时双腿站直体前屈，注意膝关节伸直、身体尽量绷直向腿部靠近，直至双手抱住踝关节（视个人情况而定）。其作用为拉伸大腿后部肌群以及达到调动坐骨神经的效果。

2. 背阔肌、竖脊肌、腹内外斜肌等的拉伸练习

采用的方法为关节肌肉拉伸，练习时体侧屈，可用一根球杆，双手握

住球杆与肩同宽伸直至头顶上方，躯干向一侧方慢慢弯曲以达到拉伸另一侧肌肉的效果。注意保持身体侧屈时身体超前，以免降低拉伸效果。两侧练习方法相同，可根据个人肌肉放松度适当选择两边练习次数的差异，其作用为运动前拉伸可以预热肌肉，更好地调动肌肉的工作能力，减少肌肉黏滞性；运动后的拉伸可以消除部分乳酸，更好地恢复肌肉活力。

3. 躯干旋转肌群（腹内、外斜肌）、肩部肌群（三角肌）、髋部旋转肌群（臀大肌、臀中肌、臀小肌）的力量练习

（1）方法一为动力性力量练习，练习时双脚或单脚体侧位蹲跳，双手反握于背后，双脚并拢，左右侧跳的宽度在 1 米以上，每次跳起后至另一侧需蹲下，然后用同样方法左右连续跳 20 次，视个人体能练习 4~6 组即可。其作用为增强腿部快速力量能力，从而达到更远的打击距离。

（2）方法二为器械辅助练习，练习时负重杠铃体转（最大负重值的 50%~60%），将杠铃置于背部肩带处，双手分别在作于肩峰外侧握住杠铃，半蹲姿势略低于挥杆准备姿势，上身绕躯干旋转幅度至最大值，左右侧来回旋转 10~15 次为一组，练习 4~6 组即可。其作用为增加腰部旋转肌群力量，以便更好地将下肢传递上来的力量传递至背部、肩部、手臂等。

（三）颈部

颈部受伤的概率比较少，除非颈椎原本就有椎间病变或关节炎，部分人会因击球时过早抬头看球，颈椎不正常旋转而引发颈部损伤。

颈部前侧肌群（胸锁乳突肌等）、颈部后侧肌群（斜方肌上部、竖脊肌颈部段等）采用的方法为颈部静力性拉伸，拉伸颈部肌肉时动作应该慢且柔和。

技术要领为手掌根推头部前、后、左、右四个方位，感觉颈部肌肉有拉伸感觉时，四个方位中每个方向维持此动作 15 秒左右，以此为一组，练习 3~5 组。其作用为防止颈部肌肉紧张，有助于躯干的旋转。

（四）肩关节

发生肌腱炎或撕裂伤很多是过度主动用力或多余用力动作导致的。采用的方法为动力性伸展。练习部位在肩部肌群、肩部韧带、关节囊等，采用的方法为肩部动力性拉伸，要注意动作节奏。

1. 持球杆震摆

双手握球杆两端与肩同宽，至头正上方，向身体后上方有节奏地震

摆，幅度可逐渐增大，20~30次为一组，练习3~5组即可。其作用为运动前须热身，防止肩关节急性拉伤受伤。

2. 翻肩

此动作难度较大，请谨慎练习，以免拉伤，双手握球杆两端，手臂从伸直的身体前方的头上方翻至身体后方，然后从后方翻回前方，两手之间宽度视个人肩关节柔韧性而定，可先选择一号木，随着热身度增加逐渐改成短杆。其作用为增加肩关节的活动范围，如遇到反作用力过大的情况下，可以通过肩关节的快速旋转将力量释放掉，避免肩关节损伤。

(五) 肘关节

肘关节的伤大都出现在初学者身上，受伤后的肘部即通常所说的高尔夫球肘，与网球肘出现在肱骨外上髁不同，高尔夫球肘位于手肘内侧肱上髁。这类伤需要通过抗阻力训练来恢复，肘关节受伤后可采取抗阻力训练。其练习的部位在前臂桡侧肌群，采用的方法为肘关节动力性力量练习。作用是提高前臂桡侧肌群的力量，增加肘关节关节囊活动性。

可以持哑铃屈臂练习：双手各握一个哑铃，手臂伸直放置于身体前方30厘米处，掌心朝前，上臂保持不动，下臂向上臂靠近，视个人情况而定，20~30个一组，练习4~6组即可。

也可以持哑铃旋转手臂练习：双手各握一个哑铃，直臂放置于身体两侧约15厘米处，以手臂为旋转轴做内转和外转运动，以30~50次为一组，练习3~5组。

(六) 腕关节

腕关节的伤在初期发生概率较高，原因在于：一是手掌握杆过于用力，造成肌肉紧张；二是初期技术动作不稳定，触球后反作用力回传至关节，导致受伤。所以，首先要采用合理的力量握杆，并适当增加腕关节肌肉群力量。

方法一为：采用双手十指相扣，手臂伸直掌心朝前于胸前，手臂最大幅度向前伸张拉伸屈腕肌群，感觉到有较强的拉伸感，维持20~30秒，以此为一组，练习3~5组。

方法二为：一手握两根铁杆，手臂伸直于胸前，以手臂为转动轴做往返的旋转运动，转动20~30次，以此为一组，练习4~6组。

其作用是增加腕关节肌肉力量，增加肌肉灵活性。

同样是高尔夫球运动，但因个人身体素质和运动量不同，会产生不同的运动损伤。因此，应配合不同的体能练习手段，特别是练习频率在一周 3 次且每次 200 粒球以上的运动负荷（且不是以短切杆练习为主）。

除以上常用方法外，还应特别加强有氧肌耐力的锻炼，最有效、最简单的方法就是慢跑。专业球手除专项柔韧性练习和力量练习外，也很重视有氧耐力的锻炼，可选择 20~30 分钟中低强度的慢跑练习来提高机体的工作能力。

高尔夫球训练原则与方法

第一节　高尔夫球训练的基本原则

高尔夫球运动的训练原则是依据高尔夫球运动的客观规律而确定的一些基本原则，是客观运动规律的反映，对高尔夫球运动的训练具有重要的参考价值和指导意义。

一、一般训练与专项训练相结合的原则

（一）一般训练与专项训练的理论依据

一般训练是指在运动训练中以多种多样的身体练习、方法与手段，提高运动员各器官系统的机能，全面发展运动员素质，改进身体形态，掌握一些非专项的运动技术和理论知识的训练。专项训练是指在运动训练中以专项运动本身的动作，以及与专项运动本身动作在特点上相似的练习，提高运动员专项运动素质，掌握专项运动的技战术及理论知识的训练。

一般训练是专项训练的基础，专项训练是提高运动成绩的根本保证。专项训练水平的提高一定程度也是一般训练水平提高的结果，专项训练成绩的提高是重要的，但必须以一般训练为基础。一般训练和专项训练是互相弥补、互相渗透的。一般训练的目的主要是根据专项运动的需要，为运动员提高专项运动素质、技战术水平，创造优异成绩打好基础。专项训练的目的是提高专项运动员的运动成绩，两者的最终目标是一致的。在一般训练水平较高的情况下，必须同时进行专项训练，即把一般训练和专项训练有机地结合起来。这是因为：

第一，人体是一个统一体，运动时各器官系统是紧密联系的，一般训练和专项训练相结合，可使各个器官系统的机能产生更强的适应性变化，这种适应性变化又依赖于有机体机能的全面改善和提高。专项训练本身对运动员身体机能的影响是具有一定局限性的，而采用一般训练可以弥补专项训练在这方面的不足，为提高运动成绩打下一个良好、全面的基础。

第二，各项运动素质的发展是互相影响、互为促进的。有些运动员力量素质很好，但是一般耐力素质相对差，而一般耐力差，就难以进行高负荷长时间的专项训练。若要全面发展运动素质，就必须进行一般训练，这样才有助于专项素质的提高。

第三，只进行较为单一的专项训练，很容易使机体和中枢神经系统过

度疲劳，一般训练则较为多样，可以帮助运动员平衡发展身体的肌肉力量，并且可以起到调节中枢神经系统的作用。

第四，专项训练能直接有效地提高专项运动成绩，是提高专项运动技术的根本。如果离开专项训练而只进行一般训练，一般训练就失去了应有的意义，更谈不上提高专项运动成绩了。

（二）一般训练与专项训练的实践效果

在运动训练过程中，训练原则的选择以及训练计划的制订是一个复杂过程，在选择一般训练与专项训练相结合的原则、制订训练计划的过程中，必须考虑下列因素：运动员的年龄特征；性别特征；运动员专项成绩的高低；训练时期的不同；一般训练与专项训练的预期目标。

在运用一般训练与专项训练相结合原则时，首先，一般训练内容、手段的选择要适应专项运动发展的需要，反映专项运动的特点，与专项训练紧密结合；其次，要有针对性地选择那些既能有效地提高身体机能水平，全面发展身体素质，又能促进运动员掌握专项技术的练习。

任何训练原则、内容、手段的选择，都是为了使训练更恰当和适合于比赛，训练的最终目的是在比赛中取得优异的运动成绩。所以，在运用一般训练与专项训练相结合的原则时，应考虑到两者安排的比例问题，不同时期一般训练和专项训练所占的比例也不相同。一般来说，训练准备时期一般训练多于专项训练，比赛时期则专项训练多于一般训练。不同时期的一般训练与专项训练的比例是由各个时期训练的目标和任务决定的。例如，年龄小的运动员在训练的最初阶段要考虑到身体尚未发育成熟，不可能承受过大的运动负荷，应多进行全面的一般性训练，均衡发展各方面的身体素质，为日后的专项训练打好基础，不宜过早地对小运动员进行专项训练。

二、系统不间断性原则

（一）系统不间断性原则的概念

系统不间断性原则是运动训练的原则之一。所谓系统不间断性，是指从少年儿童的早期训练到成年人的训练，整个训练过程中要系统地、不间断地进行。贯彻这一原则的基本要求是：坚持系统的多年训练，并使每次训练周期、每个阶段、每次课有机联系起来。选择训练内容、手段和方法要考虑它们的内在联系和逻辑系统，由易到难、由浅入深地安排。训练工

作的各种组织形式（如学校运动队、业余体校和优秀运动队）要层层衔接、逐级提高，科学安排训练和休息的交替，使每次训练课在运动员的机体能力得到恢复和提高（即“超量恢复”）的基础上进行。

系统的不间断性训练原则是指从初期训练到出现优异运动成绩，直至运动寿命终结的长期训练过程中，都应按照一定的顺序，持续不断地进行训练。这一定义包含了两层意思：一是必须按照一定的顺序系统地进行训练；二是从基础训练阶段到运动寿命终结，都应该持续不断地进行训练。运动员训练水平的提高是一个长期的过程，通过训练，有机体在身体形态、生理、生化机能和心理方面所产生的一系列适应性的变化也是一个由少到多、由低到高渐进积累的过程，只有持续不断地进行训练，机能状态和适应性的良好变化才能得到巩固和进一步提高。运动技术、战术的掌握实际上是一种暂时性神经联系的建立，是条件反射、动力定型的形成，中断训练就会使已建立起的暂时性神经联系逐渐减弱甚至中断，条件反射消退，已掌握了的技术、战术生疏，以致产生各种错误。

不管是谁，在锻炼的过程中都应该有计划、按步骤、不间断地进行系统的锻炼和科学的安排，只有这样，才能保证良好的锻炼效果，不断地提高锻炼水平，最后达到预定的目的。每个人都应该根据自己所确定的短期和长期锻炼目标，有计划、持续不断地参加锻炼。

（二）系统不间断训练内容

运动技术、战术的掌握过程实质上是建立条件反射的过程，如果训练有中断、暂时联系得不到强化，那么所掌握的技术、战术反而会消退。

机体负荷适应反应必须不断积累，由量变到质变。时断时续的训练，非但不能积累良好的适应变化，反而会降低机能水平。

（三）不间断训练原则的基本要求

第一，各级训练体制，小学、初中、高中、大学等各学制阶段层层衔接，不要因升学、转校等原因造成训练大起大落。要制定系统的训练大纲，各层次按训练大纲的要求完成相应任务，即训练体制、训练任务、训练内容一条龙。

第二，训练全过程中，上、下节课应保证连续性，下次课的安排不能早于上次课疲劳恢复之前，也不能晚于上次课训练产生良好影响之后。

第三，避免训练和比赛过程中产生各种伤病，不致因伤病而中断或中止训练。

第四，遵循运动项目的技战术、专项素质等方面内在的逻辑联系，由易到难，循序渐进，协调发展。

三、周期性原则

（一）竞技状态形成的三个阶段

所谓周期性，是指训练工作的安排要按照一定的周期循环往复地进行，每一个新的周期都应在原有周期的基础上提高。竞技状态的形成、相对稳定、暂时性消失是形成训练周期的客观依据。马特维耶夫创立了“训练周期”和“超量恢复”理论，对我国运动训练理论和实践产生了深远的影响。他根据人体竞技状态具有周期阶段性形成的规律，即运动员竞技状态的形成需经过“获得”、“保持”和“消失”阶段，把运动训练过程分为准备期、比赛期和过渡期。同时，他又针对不同时期的特点提出了一整套在训练目标、任务和内容上各异的训练理论。

教练通常会根据比赛的时间把年度计划划分为几个时间长短不同的阶段，如果在一年内有 2~3 场高尔夫球比赛，年度计划就应该相应地划分为 2~3 个大周期。实际上，每个大周期的内容和目标很大程度上要依靠运动员的身体状况和需要。根据全年比赛的次数，将全年训练计划划分为几个训练、比赛周期，每个训练、比赛周期时间的长短都应根据本年度的训练任务、全年重大比赛的次数和运动员个人的具体情况而定。每个训练、比赛周期的时间可以是 2~3 个月。例如，高尔夫球运动项目一年内有五次比赛，它们分别是在 3 月初、4 月底、6 月中、8 月初和 10 月底，如准备参加上述五次比赛，便可把全年训练计划分为五个训练比赛周期，从头年 11 月到来年 3 月初为第一周期，以后几个周期类推。周期性原则的依据是竞技状态形成的客观规律，而竞技状态是指运动员达到优异专项成绩所处的适宜的准备状态，是通过科学的周期化训练过程才能达到的。竞技状态形成和发展主要分为以下三个阶段：

第一，获得阶段。其中又包括前提条件形成阶段和竞技状态形成阶段。前提条件形成阶段的目标是提高总的机能水平，全面发展运动素质，掌握专项运动的技战术，心理素质的初步培养。这个阶段好比积累营造竞技状态“大厦”的“建筑材料”。在竞技状态形成阶段，上述前提条件形成一个整体，具有专项化特点，竞技状态“大厦”已经建成。不过，本阶段初步形成的竞技状态还不是十分稳定，在不利因素下容易破坏。

第二，相对稳定阶段。竞技状态的所有特征在本阶段得到完善和稳固，并在比赛中表现出来。

第三，暂时消失阶段。运动员不可能永远处在竞技状态，随着活动状态和心理环境的改变，竞技状态各因素的有机联合会产生反适应的消退，使训练水平出现暂时下降。

经过以上三个阶段之后，通过调整、再训练、再提高，将会出现新的、更高水平的竞技状态。这就是科学训练的辩证法。人们根据竞技状态三个发展阶段的规律把运动训练工作过程分为三个相应的训练时期，即准备期、比赛期和休整期。

（二）周期性训练原则的基本要求

首先，根据高尔夫球运动的特点和运动员自身的特点安排全年训练的周期。

其次，根据各时期的主要任务安排各种训练内容的比重和训练手段、方法以及运动负荷。

最后，认真总结前一周期的经验，为新周期的安排提供客观依据。

四、适宜负荷原则

高尔夫球训练必须遵循适宜负荷原则。所谓适宜负荷，是指对机体施加的负荷刺激既有利于提高运动能力，又能保证机能的适时适度恢复。有效的训练必须有足够的负荷，训练负荷水平适宜，才既能保证运动员的身心健康，又能达到或略超出人体最大负荷承受量，从而对机体产生良性的刺激，促使机体生理机能、运动机能明显改善，达到提高运动成绩的目的。要依据人体适应规律逐步有节奏地增加负荷，直至达到新的最大负荷。高尔夫球运动员的负荷训练必须把握节奏，即大、中、小负荷相结合，使负荷作用和积极恢复协调交替。

适宜负荷原则可以从以下三个方面来阐述：一是运动员对负荷的适应性，即运动员承担负荷和适应负荷的程度，这是“适宜负荷原则”的首要条件。运动员是承受的主体，负荷安排是否适宜首先要看运动员身、心两个方面能否接受。超过运动员接受能力的负荷不仅不能有效发展运动员的竞技能力，还会不同程度地对运动员身体机能造成破坏。二是运动负荷的有效性。教练员为运动员所设计的负荷必须是切实有效的，能提高运动员竞技能力的。适宜负荷不仅是一个负荷大小的问题，更重要的是负荷质量

的问题，即教练员所安排的运动负荷是否可以达到预期的训练和比赛目标。三是负荷安排的适时性。依据“超量恢复”理论，当机能达到超量恢复时是机体接受下一次负荷刺激的最佳时机，能否抓住这一时机进行下一次训练，是评价负荷安排适时性的重要标志。

适宜负荷不能单纯从运动负荷的负荷量和负荷强度去考虑，还应考虑运动员的年龄、性别、健康状况、竞技能力以及恢复情况等因素。教练员既要根据运动员不同的性别、年龄特征、健康状况及竞技能力发展水平来制定适宜的运动负荷计划，又必须根据负荷后运动员生理、心理上的反应及恢复状况的反馈信息及时监控运动负荷。

教练员必须具备扎实的基础理论知识和丰富的训练实践经验，特别是对所从事运动项目的特点，必须有深刻的理解和认识，对负荷量的控制要有科学依据，把训练中的每一组、每一次练习的负荷都设计得适宜，并且对运动员产生最佳的训练效果。

训练的操作过程中最重要的一项任务是对运动员负荷反应的监控，不仅监控生理、生化指标，还要求对运动员的心理进行监控，其核心内容是情绪变化的监控，这一点在比赛期的训练中体现得尤为突出。

运动场上运动员的情绪反应是千变万化的。积极的情绪是昂扬、兴奋的表情流露，表达的是一种内在欲望得以充分满足的快感；消极的情绪是低落、沮丧的表情流露，表达的是一种内在欲望得不到满足的痛感。不适宜的运动负荷会对运动员的内在欲望造成创伤，只有负荷适宜，才能激发运动员的灵感和创造力，促进他们主动接受大负荷。所以，有经验的教练员往往能根据运动员训练中的情绪变化，有针对性地对既定负荷进行适当调节，使运动负荷更合理有效。

运动员优异的运动成绩取决于系统而艰苦的运动训练，而运动训练中最关键的环节是对运动负荷的合理调控。没有适宜水平的运动负荷，要么不能发挥运动员的应激能力进而提高运动成绩，要么会使运动员对运动负荷不适应造成过度疲劳。所以，对运动员施加适宜的运动负荷，使其机体能力和运动成绩不断提高是关键的问题。

五、区别对待原则

高尔夫球运动是个人项目，是一项充分彰显个性的运动。在运动训练中，区别对待原则显得尤为重要。区别对待原则是指对于不同专项、不同

的运动员或不同的训练状态、不同的训练任务及不同的训练条件，都应有区别地组织安排各自相应的训练过程，选择相应的训练内容，给予相应的训练负荷的训练原则。根据不同运动员训练中的个体特异性实施区别对待，是运动训练应遵循的重要原则之一。

在运动训练中，运动员非常希望得到规律性的指导，因为规律具有普遍适用性。然而，在运动训练中大量存在着具体，每天、每时、每刻都在产生鲜活的具体，要靠我们以“具体问题具体分析”的态度加以解决，只有根据个体的实际情况有的放矢地训练，才能造就一流的优秀运动员。

区别对待原则可用在三个重要的方面，分别是运动专项、训练对象和训练条件。第一个重要方面是运动专项，包括专项成绩的决定因素和专项成绩的发展规律。例如，高尔夫球运动需要运动员具备良好的心理素质和全面的身体素质，其项目特点决定了运动员通常要在较大的年龄才会进入最佳的竞技时期。

第二个重要方面是训练对象。每个训练对象都有不同的生物学、心理学、社会学及训练学方面的特征，这些都是实施区别对待原则时经常需要考虑的因素。在实施过程中要注意以下几个因素：一是因人而异，注重个性张扬。每个人的遗传素质尤其是社会实践活动并不相同，使每个人在个性倾向性和个性心理特征方面各不相同，形成不同的个性。个性差异不仅表现在人们是否具有某种特点上，而且表现在同一特点的不同水平上。运动训练需要引导和挖掘，只有个性得到张扬，才能造就一流的优秀运动员。二是因材施教，突出个体特点。因材施教是运动训练应遵循的最直接的原则，运动员的生理、心理发展具有一定的稳定性，又有其特殊性，这就要求教练员从运动员的实际出发，依据运动员的特点，有的放矢地组织训练。三是因时制宜，区分个别情况。运动员的个体差异很大，比如不同专项年限不一样，不同水平状态不一样，不同训练比赛需要不一样，同一运动员在不同时期、不同任务、不同身体机能状态等情况下的表现都是不一样的，运动训练就要根据不同时期、不同人员的个别情况进行有针对性的安排。

训练条件是区别对待原则中的第三个重要方面，应考虑训练所处的时期和阶段。教练员应了解不同时期与阶段不同运动员的不同特点，这样可以帮助教练员根据不同的情况提出相应的训练要求，场地、气候、同伴、环境等都是必须考虑的因素。运动训练的重点应放在充分发展个人特点方面，而不是力图避开其短处，否则就不能展现竞技体育的魅力了。只有长处得到长足的发展，才可能把短处产生的影响降低到最小限度。运动训练的区别对待宗旨首先是强调和发展其特点，其次才是弥补缺失，这是一个根本的指导思想，先强优后补缺，没有优根本就用不着补缺了。从对高水平运动员训练水平的形成中不难发现，他们各方面的训练水平并不是均衡的。只有个人特长得到了充分发挥的运动员，才能获得最佳的个人成绩。目前存在一些“集体模式化”训练行为，教练员往往观察和注意到的是后面的、一般的运动员情况，这样保证不了尖子运动员的训练效果，并且会掩盖尖子运动员的优点和长处。

第二节　高尔夫球训练的基本方法

高尔夫球运动训练的方法是提高运动水平、完成训练任务的途径和方法，它是教练员进行训练工作、完成训练任务、提高运动员竞技能力的工具。正确地认识和掌握不同训练方法的功能和特点，有助于顺利地完成训练中不同时期的不同任务，有助于科学地提高运动员的整体水平。

一、重复训练法

重复训练法是指多次重复同一练习，两次（组）练习之间安排充分休息的练习方法。通过同一动作或同组动作的多次重复，不断强化运动条件反射的过程，运动员能够掌握和巩固技术动作；相对稳定的负荷强度的多次刺激，可以使机体尽快产生较高的适应性机制，有利于运动员发展和提高身体素质。

构成重复训练法的主要因素有：单次（组）练习的负荷量、负荷强度及每两次（组）练习之间的休息时间。休息的方式通常是静止、肌肉按摩或散步。可以将重复训练法三种类型（短时间、中时间、长时间）的负荷时间、特点、供能形式与高尔夫训练中相同因素的特点相结合，将重复训练法引入到高尔夫训练实践中，这对提高高尔夫训练的科学性、实效性具有一定的现实意义。

（一）短时间重复训练法在高尔夫训练中的应用

1. 身体训练

在高尔夫身体训练中采用短时间重复训练方法，可有效地提高运动员

磷酸盐系统的储能和供能能力，提高运动员的单个技术动作或组合技术动作运用的熟练性、规范性、技巧性，以及完成动作有关肌肉群的收缩速度和爆发力。其应用特点是：一次训练的负荷时间短，负荷强度大，动作速度快，间歇时间充分，间歇过程多采用肌肉放松方式，以便能尽快促使机体恢复机能。高尔夫训练中身体训练应常抓不懈，注意身体训练与专项密切配合，做到身体训练技术化，为技术训练服务。

2. 技术训练

高尔夫球运动员准确、熟练、稳定地完成技术动作是获得好成绩的重要保证。在训练中采取短时间重复训练法，可以将技术动作的熟练性与运动素质中的速度、爆发力以及能量代谢系统中磷酸盐系统供能能力的训练融为一体。在负荷时间短、负荷强度大、动作速度快、间歇时间充分的条件下，通过多次重复技术动作来达到技术熟练，提高技术质量，有利于运动员在比赛中排除各种因素的干扰，稳定地发挥出自己应有的水平。

（二）中时间重复训练法在高尔夫训练中的应用

1. 身体训练

在高尔夫训练中采用中时间重复训练法是为了提高运动员的糖酵解供能系统的储能和供能能力，以及糖酵解供能为主条件下的速度耐力、力量耐力及运动员机体的耐乳酸能力。在比赛过程中，运动员在一定时间重复几十次或上百次挥杆动作，对运动员运动能力以及混合供能能力有较高的要求。不同类型的重复训练可以使运动员适应激烈比赛对身体供能系统的要求，从而取得较好的比赛成绩。

2. 技术训练

在高尔夫训练中，中时间重复训练可以将技术的运用与身体素质中的力量耐力、速度耐力等以糖酵解供能系统为主的供能能力的训练融为一体，使其协调发展、巩固和提高，以适应比赛的需要。

（三）长时间重复训练法在高尔夫训练中的应用

1. 身体训练

在高尔夫球运动员击球时，肌肉运动时间短促，从单一动作来说能量消耗不大，对体能的消耗也不显著，但要完成 18 洞的比赛，需要进行几十次、上百次的挥杆动作，这对于高尔夫球运动员的体能提出了很高的要求。高尔夫身体训练中运用长时间重复训练法就是为了发展有氧系统供能能力，从而提高高尔夫球运动员的综合竞技能力。

2. 技术训练

高尔夫球运动员在一次比赛中需要至少完成几十次挥杆动作，这对运动员机体的耐酸能力提出了较高的要求，而长时间重复训练可以将种类全面的技术动作与身体素质中的专项耐力以及运动员的无氧、有氧混合供能能力的训练融为一体，使运动员的素质、机能、技术协调发展，以适应实际比赛的需要。

（四）在高尔夫训练中运用重复训练法应注意的问题

第一，每次（组）练习都要保持预先确定的强度。强度的确定以运动员本人所能承担的最大限度为限，一般应接近或达到比赛强度。

第二，每次（组）练习间的休息时间要充分。重复训练法每次（组）练习的强度较大，为确保每次（组）练习质量，应待机体已基本恢复时再开始下次（组）练习。

第三，重复次（组）数的确定。以运动员不能按预定的强度进行练习或技术出现许多错误时为准，教练员应根据运动员的个体差异确定。

第四，及时纠正错误。重复训练在应用于技术训练时，教练员应严格要求运动员按技术规格练习，及时提出改进技术的要求和纠正练习的错误，避免运动员形成“技术变形”。

第五，明确练习目的、作用。重复训练法由于反复练习同一动作，内容单调，运动员机体局部负担较重，容易疲劳，教练员应使运动员明确练习的目的、作用，提高运动员练习的兴趣，这样才能取得重复练习的更好效果。

二、循环训练法

循环训练法是指根据训练的具体任务，将练习手段设置为若干个练习站，运动员按照既定顺序和路线，依次完成每站练习任务的训练方法。运用循环训练法可有效地激发训练情绪、累积负荷“痕迹”、交替刺激不同体位。

具体到高尔夫球运动，也就是根据高尔夫球运动的技术特点和所需要的身体素质，选择一些简单有效并与专项技术有关的练习手段，或者选择某些基本动作，改变它们的负荷、强度、时间和数量，编排成组进行循环练习。循环训练法之所以适用于高尔夫项目的训练，是因为它能弥补其他训练手段的不足，有本身特有的优点。运动生理研究表明：在一定范围的

活动量愈大，恢复的过程也就愈长。长期的积累会出现过度疲劳，从而影响训练效果。通常训练中单一动作的过量重复会促使肌肉加快疲劳，降低随意放松的能力，造成肌张力振幅减小，不利于动作的完成。对神经系统来讲，单调枯燥的训练内容强度大，会使大脑皮层产生超限抑制，运动员会出现精神不振、训练热情减弱等现象，使训练效果下降。循环训练法从某种意义上讲是避免上述不良现象产生的一种非常好的训练方法，这种训练方法不会长时间地局限在某一项目、某一身体部位或某一动作上。它的特点是内容丰富、形式活泼，能够综合地发展运动素质和技能，并能突出重点；可以使运动员获得多样的运动感觉，提高运动员的练习情绪；还可利用转换现象来推迟疲劳的出现，在训练过程中使大脑皮层始终保持兴奋状态。循环训练法的训练内容多变，可使肌肉用力的方式较为均匀地分散在机体各个部位上，有效地减轻局部肌肉的负荷量，避免疲劳的积累。这一训练法对技术和素质的发展都具有积极的作用，在一定程度上实现了训练的多样性，使我们在训练过程中可以安排更多的内容和动作，达到科学训练的目的。

当然，作为一个完整的训练时期，不可能只采用这一种训练方法，要根据训练任务，在不同的训练阶段选用不同的训练方法。既然循环练习法有集诸家之长的特点，在训练中可获事半功倍的效果，我们何不经常乐而为之。现在需要我们进一步去研究、探索、充实循环训练法，使其更完整、更科学，更好地为提高运动技术水平服务。

在运用循环训练时一般要考虑下列问题：

第一，循环练习的编组。每组练习要包括发展各种身体素质的内容，并把成套动作中对身体有不同性质影响的动作相互搭配与替换。另外，所选的内容应结构简单、难度较小、便于练习。各组的项目和数量可根据练习者的身体素质发展情况和具体的目标任务做相应的调整。

第二，循环练习的负荷量。安排循环练习的负荷量，首先要确定各个项目的练习次数和强度。确定练习次数、间歇时间和循环练习的组数要根据练习者的身体情况，务必做到因人而异。根据需要，各个项目的次数一般以不超过运动员极限体能的 2/3 为限。要求速度性练习以中上强度为宜。为了收到循环练习的更大实效，可以适当缩短每组练习的总时间或逐步提高单位时间内动作的重复次数，以加大强度。需注意的是，在循环训练时，要严格执行区别对待原则，防止过度疲劳的发生。

三、变换训练法

变换训练法是指变换运动负荷、练习内容、练习形式以及条件，以提高运动员积极性、趣味性、适应性及应变能力的训练方法。变换训练法是根据实际比赛过程的复杂性、对抗程度的激烈性、运动技术的变异性、运动战术的变化性、运动能力的多样性以及中枢神经系统的灵活性等一般特性而提出的。变换练习内容可使运动员不同运动素质、运动技术和运动战术得到系统的训练和协调发展，从而使之具有更接近实际比赛需要的多种运动能力和实际应变能力。

（一）高尔夫球运动可采用的变换训练方式

1. 变换动作的形式

变换动作的目的在于利用动作本身的可变因素，有选择地变换动作形式，使运动员可以熟练地掌握技术。它主要是通过改变动作的做法或姿势来实现的。在注意形式时，应考虑动作的结构基本相同。尽管动作的难度不一样，但关键技术要有共同点，这样既可以发展专项素质，又可以巩固关键技术。

2. 变换训练环境

变换训练环境，目的主要在于调节运动员的心理状态。研究证明，外界环境改变时的新异刺激一定会引起练习者注意力的集中或扩散，特别是初学者。根据训练与比赛任务的需要，正确地变换训练环境，可以提高运动员对外界的应变能力，激发运动员的积极性和兴趣。变换训练环境一般是通过变换训练自然环境和训练气氛来实现的，在训练中常采取变换器械、训练场地、时间等手段。

3. 变换练习的条件。

变换练习的条件，目的在于提高或降低练习的难度，简化学习的动作过程，使运动员迅速掌握动作技术或提高动作质量。在训练实践中，一般是通过变换器械的长短、重量等手段来实现的。

（二）运用变换训练法应注意的几个问题

第一，运用变换训练法应从实际出发，根据训练的具体条件，有目的、有计划地采取某种变换方式，切忌单纯追求变换，特别是变换训练环境不要过于频繁。

第二，变换动作的形式时，特别注意不要改变动作的结构特点，要把

握技术动作的核心，万变不离其宗，千变万变都应以技能迁移的基本规律为依据，产生良性刺激，取得好的效果。

第三，采用不同的变换方式训练达到目的后，应及时恢复到符合比赛规则的情况下进行训练，避免变换训练形式的动作不适合比赛要求。

第四，变换动作条件应由简到繁，由易到难，简单易行，安全可靠，避免造成心理障碍，不利于动作技术的掌握。

第五，合理地采用变换训练法并使多种变换方式相结合，达到在有限的时间内获得最佳效果是训练中较为复杂、困难的问题，教练员应使每一种变换方式都用于最适合解决问题的一定范围之内。

运用不同方式的变换训练法，有利于提高运动员有机体对训练和比赛的适应能力，有助于调节心理过程，调动训练积极性，加快掌握技术动作的速度，提高动作的准确性和稳定性等。

四、持续训练法

持续训练法是指负荷强度较低、负荷时间较长、无间断地连续进行练习的训练方法。持续训练主要用于发展一般耐力素质，并具有助于完善负荷强度不高但过程细腻的技术动作，可使机体运动机能在较长时间的负荷刺激下产生稳定的适应，可使内脏器官产生适应性的变化，可提高有氧代谢系统的功能以及该功能状态下有氧运动的强度，可为进一步提高无氧代谢能力及无氧工作强度奠定坚实的基础。

持续训练法可分为三个基本类型：

第一，短时持续训练方法。短时持续训练方法的特点是：每次持续练习的负荷时间为5~10分钟；负荷强度控制在心率指标平均为150次/分钟左右；间歇时间充分，但练习组数不多。该方法是持续训练法中应用较多的一种。该方法练习的主要目的是：发展以有氧代谢为主的无氧与有氧混合供能的能力，提高以有氧代谢为主的运动强度。

第二，中时持续训练方法。中时持续训练方法的特点是：每次持续练习的负荷时间稍长，通常为10~20分钟；负荷强度是心率指标平均为170次/分钟左右。该方法练习的主要目的是：重点发展运动员有氧代谢系统的工作能力。

第三，长时持续训练方法。长时持续训练方法的特点是：每次持续练习的负荷时间较长，通常在20分钟以上；负荷强度较低，负荷强度控制

在心率指标平均为 160 次/分钟左右。该方法的练习的主要目的是：重点发展运动员有氧代谢系统的供能能力，使运动员能够稳定地发展有氧代谢工作状态的适应能力。

高尔夫球运动需要运动员具备全面的身体素质。基于这一点，根据持续训练法的主要功能，该方法应用的主要目的是着重发展高尔夫球运动员的有氧代谢水平，为进一步提高无氧代谢水平奠定基础。

在高尔夫项目训练中，可交叉运用持续训练法。其中，在基础训练阶段或冬训阶段，采用长时持续训练方法的时间比重较大；在专项训练阶段或竞赛期早期训练阶段，采用短时持续训练方法的比重较大。这样安排的目的是通过长时持续训练方法提高运动员的有氧代谢水平，以及有氧与无氧代谢过程转换的能力，由此为提高无氧代谢能力奠定基础。在高尔夫项目的力量训练中，在采用短时持续训练方法时，重点应放在力量负荷、动作速度负荷及负荷时间的安排上。

五、比赛训练法

比赛训练法是指在近似、模拟或真实、严格的比赛条件下，按比赛的规则和方式进行训练的方法。比赛训练法是根据人类先天的竞争和表现意识、竞技能力形成过程的基本规律和适应原理、现代竞技运动的比赛规则等因素而提出的一种训练法。运用比赛训练法有助于运动员全面并综合地提高专项所需要的各种竞技能力。

从比赛训练法的训练表现和性质，可以把比赛训练法分为教学性比赛、模拟性比赛、检查性比赛、适应性比赛和正式比赛五种。根据比赛训练法的释义和基本类型可以看出，比赛训练法是运动训练的重要方法之一。运动员依据训练水平与训练任务，可以选择不同类型的比赛训练方法，应该说比赛训练法对于不同训练水平的运动员均适用。

从比赛训练法的含义中我们不难看出，比赛训练法的关键就在于竞赛、运动员间的积极竞争。在技术、战术的训练中，为了达到具体的目的，可采取各种灵活多样的互相之间比较水平高下的形式。比赛训练法的主要理论依据有以下两点：一是遵循“从难、从严、从实战需要出发”的训练原则；二是运用运动竞技能力的“迁移”理论，即通过各种形式的比赛训练法，将训练中逐渐获得和形成的运动竞技能力迁移到比赛中去，创造良好运动成绩。

一般来说，高尔夫球初学者上手的门槛相对于其他球类运动要高。没有经过正规训练，基本功没有一定时间和数量累积的情况下，是不可能进行正式比赛的。但是，高尔夫球基本功的练习非常枯燥乏味，非专业的练习者一般无法坚持，如果能把比赛训练法很好地应用到高尔夫基本动作的训练教学当中，将极大地提高练习者的兴趣。曾经有人做过实验，在一次击球的训练教学课上，把参加训练的队员分成人数相等的 A、B 两组，在统一讲解、示范了击球的动作要点以后，A 组的队员采用比赛训练法练习，边跟教练示范练习，边互相比赛看谁的动作准确性更高、击球距离更远；B 组的队员采用一般的练习方法，自己跟着教练的示范进行练习。很快，B 组的队员出现厌烦的情绪，一段时间以后，大多数队员对击球练习失去兴趣；而 A 组的队员从始至终都保持着良好的兴趣，一直在主动练习。一节课完了以后，A 组队员的动作初步掌握的人数达到了 80%以上，而 B 组只有 50%不到，这就是比赛训练法在高尔夫球训练中应用的一个很好例证。要把比赛训练法应用到高尔夫球的训练当中，首先要让练习者明白，并不是只有正式规则的比赛这一种形式，能进行比赛的形式有很多，就高尔夫球运动而言，初学者击球的成功率、准确性，甚至是空手挥杆动作的优美程度，都可以是比赛训练法训练内容的一部分。

比赛训练法在实际的应用中要遵循以下几项原则：

第一，根据训练所处的具体阶段采取相应的比赛训练方式。也就是说，比赛训练的方式、内容要根据不同人的实际情况来决定，只有制定与训练者的水平相适应的比赛训练方法，才能更好地应用比赛训练法。

第二，无论采用何种比赛训练方式，都应该有明确的训练目的和具体的比赛规则及方法，这样训练者才能全力以赴实现训练目的，达到训练效果。有明确的训练目标，就是说训练必须有针对性，什么方面不足就练什么：力量不足就练力量，姿势不对就改姿势，动作不熟练就练动作。只有做到有的放矢，才能事半功倍。具体的比赛规则及方法是训练效果的保证。比赛训练法并不是为了比赛而比赛，而是为了训练效果而比赛。如果只是为了获得比赛的胜利而进行，忽略了中间的过程，那这样的比赛训练也就达不到想要的效果。

第三，每次比赛训练完成以后，都应该及时做好记录并进行小结。不管什么样的练习，都不应该是盲目的练习，教练和运动员都应该非常清楚地知道训练的内容是什么，训练的目的是什么，训练完成后达到了什么样

的效果，还有什么地方是没有做到和做好的，这样才是真正系统有效的训练。及时做好记录是比赛训练不可或缺的一部分，它能为下一步训练指明方向。每次的小节训练情况更是起到画龙点睛的作用，它能告诉你这次训练做了什么，做好了什么，收获了什么，还有什么是没有做到的，所有的一切都能在小节中找到答案。

参考文献

［1］德拉维奇，辛普森．高尔夫运动体能训练指南［M］．闪明，译．北京：人民邮电出版社，2020.

［2］张力为，毛志雄．运动心理学［M］．上海：华东师范大学出版社，2018.

［3］尹军，袁守龙．身体运动功能训练［M］．北京：人民体育出版社，2017.

［4］毛雨生，汪黎明．健康高尔夫：高尔夫运动损伤防治［M］．长沙：湖南文艺出版社，2011.

［5］马克，叶宇．高尔夫教程［M］．上海：同济大学出版社，2017.

［6］袁运平，凌奕．高尔夫球运动手册［M］．北京：人民体育出版社，2001.

［7］李智琪．高尔夫［M］．大连：大连理工大学出版社，2018.

［8］戴福祥．怎样打高尔夫球［M］．苏州：苏州大学出版社，2006.

［9］斯特里亚诺．肌肉训练彩色解剖图谱．高尔夫运动［M］．徐晴颐，译．北京：人民邮电出版社，2017.

［10］耿玉东．高尔夫挥杆原理［M］．北京：北京体育大学出版社，2002.

［11］赵志明，何峰．高尔夫球基本技术与实战策略［M］．北京：旅游教育出版社，2012.

［12］韩烈保，周国庆．高尔夫概论［M］．北京：旅游教育出版社，2012.

［13］张国华．高尔夫规则与礼仪［M］．广州：暨南大学出版社，2017.